法律专家为民说法系列丛书

法律专家
教您如何签订合同

叶佩佩 编著

吉林文史出版社

图书在版编目（ＣＩＰ）数据

法律专家教您如何签订合同 / 叶佩佩编著. — 长春：吉林文史出版社，2015.3

（法律专家为民说法系列丛书 / 张宏伟，吴晓明主编）

ISBN 978-7-5472-2750-3

Ⅰ．①法… Ⅱ．①叶… Ⅲ．①合同法－基本知识－中国 Ⅳ．①D923.6

中国版本图书馆 CIP 数据核字 (2015) 第 043894 号

法律专家教您如何签订合同

编　　著	叶佩佩
责任编辑	李相梅
责任校对	宋茜茜
丛书主编	张宏伟　吴晓明
封面设计	清　风
美术编辑	李丽薇
出版发行	吉林文史出版社(长春市人民大街4646号)
	全国新华书店经销
印　　刷	三河市祥宏印务有限公司
开　　本	720mm×1000mm　1/16
印　　张	12
字　　数	100 千字
标准书号	ISBN 978-7-5472-2750-3
版　　次	2015 年 7 月第 1 版
印　　次	2018 年 6 月第 3 次
定　　价	35.00 元

如发现印装质量问题，影响阅读，请与印刷厂联系调换。

法律专家为民说法系列丛书

编委会

主　编：

张宏伟　　吴晓明

副主编：

马宏霞　　孙志彤

编　委：

迟　哲	赵　溪	刘　放	郝　义
迟海英	万　菲	秦小佳	王　伟
于秀生	李丽薇	张　萌	胡金明
金　昊	宋英梅	张海洋	韩　丹
刘思研	邢海霞	徐　欣	侯婧文
胡　楠	李春兰	李俊焘	刘　岩
刘　洋	高金凤	蒋琳琳	边德明

PREFACE

【前言】

　　合同是市场经济的重要组成部分,是签订合同的当事人为了各自的利益对双方将来所要进行的行为做的统一的安排。经过要约和承诺,双方的合同就宣告成立,要约和承诺的过程说明双方的意思表示一致,达成了合意。签订合同的意义并不仅仅在于记载意思表示一致的内容,更重要的是以书面的文书形式将各自的权利义务加以确定。

　　双方签订合同,一方面书面合同这种形式本身就是证明双方存在合同关系的证据。相对于口头合同,书面合同更容易得到法律的保障。同时,《合同法》第十条规定:"法律、行政法规规定采用书面形式的,应当采用书面形式。当事人约定采用书面形式的,应当采用书面形式。"在某些情况下,签订书面形式的合同是合同生效的特殊要求。另一方面,以书面的形式明确双方的权利义务,有利于合同更好履行。

现实生活中,许多人在合同履行过程中遭受了重大损失,很多是源于对合同签订环节的忽视,如果能防患于未然,完全可以用最简单、最有效、最经济的方法予以避免。因此,合同有很好的风险控制的作用。

本书上篇对合同的一般规则做了重点阐述,下篇对买卖合同、借款合同、租赁合同、承揽合同做了着重的阐述,并附文本,供读者参考。

由于笔者水平有限,加之时间仓促,书中的不足之处,请各位读者来信不吝赐教。最后,衷心地希望此书的出版能帮助社会大众解决合同签订过程中的困惑。

目 录
CONTENTS

签订合同的一般规则

第一章 合同的订立

1.谁有资格订立合同

❈   ❈   ❈

案例：

2001年3月21日，孙某以"孙寨包工队"的名义与胡某签订"民宅修建协议"，约定：由"孙寨包工队"以"包工不包料"的承包方式为胡某修建三层民用住宅小楼一幢，外观样式与住宅小区一致。协议签订后，孙某立即组织人员进行施工。2001年8月5日，双方为支付工程劳务费问题发生争执，工程停工。孙某已完成以下工程：挖地基土方，下地基，打地圈梁，打三七灰土；一、二、三楼层垒砌主体工程及内外墙体毛粉刷。此外还完成了协议外增加工程：建造水池一个，第二楼层增加圈梁，地下水管道瓷管接头等。"孙寨包工队"系孙某组建的从事农村房屋建筑的临时施工队，未办理营业执照，不具备从事建筑行业的法定资格。工程停工后，孙某与胡某就劳务费问题发生纠纷，孙某认为其劳务付出，胡某应按合同约定付款。

专家解析：

《合同法》第九条：当事人订立合同，应当具有相应的民事权利能力和民事行为能力。当事人依法可以委托代理人订立合同。

专家支招：

当事人订立合同，应当具有相应的民事权利能力和民事行为能力。民事权利能力是民事主体享有民事权利和承担民事义务的资格，不具有该资格的人不能订立合同。民事行为能力是民事主体以自己的行为取得和行使民事权利，承担和履行民事义务的资格。

孙某以"孙寨包工队"的名义与胡某签订的"民宅修建协议"，因"孙寨包工队"不具备合法的建筑主体资格，不具有订立相关合同的民事权利能力，违反了《合同法》第九条，故该协议为无效协议，孙某、胡某对此均有过错，各自应承担相应的法律责任。鉴于孙某的施工队在为胡某建房过程中投入了一定的人力，胡某应按孙某施工队已完成的实际工程量支付相应的劳动报酬。

因此，在合同订立的过程中，应重视订立合同的主体问题。由于自然人、法人和非法人组织的民事权利能力与民事行为能力的取得、消灭及内容等有着非常大的差别，所以在考察订立合同的能力时应该区别对待。在有特定资格要求的合同中，应注意专门法律对此的规定。

2.订立合同应采用何种形式

案例：

2010年6月至8月期间，原告某资源工程某有限公司与被告李某之间就货物的交易情况发出多封电子邮件。其中，6月20日，原告致信称："请将需要的货物品名和数量以及您的地名地址通知我们，我们需通报等。"6月25日，被告李某向原告回复了上述信息，并称："我们将预付总金额的 20% 保证金，我们所需货物请尽快发送，我们则将货物余款电汇给您。"7 月 1 日，原告将公司的银行账号与地址告知被告李某。后来，双方就买卖合同是否成立以及货物价格发生争议。在本案中，原告并没有和被告签订正式的书面买卖合同，仅凭双方往来的邮件能否证明买卖关系的存在呢？

专家解析：

《合同法》第十条：当事人订立合同，有书面形式、口头形式和其他形式。法律、行政法规规定采用书面形式的，应当采用书面形式。当事人约定采用书面形式的，应当采用书面形式。

第十一条：书面形式是指合同书、信件和数据电文（包括电报、电传、传真、电子数据交换和电子邮件）等可以有形地表现所载内容的形式。

第十三条：当事人订立合同，采取要约、承诺方式。

专家支招：

本案原、被告之间的买卖合同纠纷，法律、行政法规没有特别规定必须采用书面形式，双方也未就合同形式问题专门作出约定，故双方可以口头，也可以书面形式达成合同。但是请注意的是，在以口头形式达成的买卖合同中，虽然简便，也利于快速达成交易，但是因无书面的形式约定双方的权利义务，如对买卖关系是否存在发生争议，若举证不利，将承担败诉风险。

本案中，双方以电子邮件的方式作出要约与承诺，被告李某在发出的电子邮件中将合同的主要条款包括货物品种、合同履行方式等内容向原告发出要约，由原告作出相应的承诺。因此，根据《合同法》第十三条双方已经就合同的主要条款，达成了一致。虽然法律对邮件往来等均认定为书面形式，但是，邮件等书信往来不能向合同文本系统全面地就合同的权利义务进行约定,且发生争议时,往往证据比较零散,不利于权利的维护。

另外,对于《合同法》第十一条的理解要注意的是:法律、行政法规规定或者当事人约定采用书面形式订立合同的,当事人订立合同应当采用书面形式,但是这并不能认为在上述情况下,当事人未采用书面形式则合同不成立。"应当"不同于"必须",即使应当采用书面形式而未采用,但一方已经履行主要义务,对方接受的,该合同也成立。根据立法精神,对合同书面形式的要求主要是基于证据上的考虑,以便更容易地解决这类合同纠纷。但是,对于应采用而未采用书面形式并且一方拒绝履行主要义务或者其履行义务对方不接受,应当认定合同不成立。《合同法》并未规范全部的合同关系,诸如担保合同、保险合同、定金合同等仍然通过相应的民事特别法加以调控,在这些法律明确规定书面形式为这类合同的成立要件时,如果未采用书面形式订立合同,即使一方已经履行主要义务并且为对方接受的,该合同也不成立。

3.要约还是要约邀请

案例:

2010年5月,某物业管理有限公司向社会发布《全面招商近期开业》的广告,称其开办的市场有部分摊位招租,每个摊位收押金500—1000元,1年期满后如不继续经营可以退还押金,第一次交纳一个季度租金,可经营四个月等。同年5月,李某分别向物业公司交纳租赁二层71.72号摊位的押金。同年9月,李某向物业公司交纳了71.72号摊位第一季度租金,物业公司向李某提供了71.72号摊位,李某开始经营。同年11月,李某与市场补签两份合同约定:李某承租市场二层72.79号摊位用于经营针织品;租期12个月,自2010年9月起至2011年9月;执行季度租金制,每3个月一期,李某应在每期开始前5天将该期租金一次性付清;如李某未按合同规定期限逾期5日仍未付清租金,物业公司可以终止合同,收回摊位,抵押金及租金视为违约金一律不退。

2010年12月,第2个季度租期开始,李某始终未交租金,物业公司诉至法院。2011年1月,物业公司收回71.72号摊位。李某称,依照物业公司的《全面招商近期开业》广告,他已全面履行了义务,是物业公司严重违约;并在诉讼期间擅自收回摊位转让他人,给自己造成了重大经济损失;要求物业公司赔偿自己的损失。那么,在本案中,到底是谁违反了合同的约定?

专家解析:

《合同法》第十四条:要约是希望和他人订立合同的意思表示,该意思表示应当符合下列规定:

(一)内容具体确定;

(二)表明经受要约人承诺,要约人即受该意思表示约束。

第十五条:要约邀请是希望他人向自己发出要约的意思表示。寄送的价目表、拍卖公告、招标公告、招股说明书、商业广告等为要约邀请。

商业广告的内容符合要约规定的,视为要约。

专家支招:

物业公司发布的《全面招商近期开业》广告,仅表达了其愿意向社会出租市场摊位的意思,不具有具体的权利义务内容,因此不是要约,更不是合同,而应当认定为要约邀请。要约邀请对发布人和社会群体均不具有约束力。双方签订的租赁合同是双方真实意思表示,不违反相关法律、法规及社会公共利益,应属有效。虽然实际履行的是71.72号摊位,但并未影响李某经营中的实际利益,且李某在经营中也未持异议。因此,物业公司为李某提供了市场摊位及经营所必须的条件,李某应按合同约定的期限交纳租赁费。由于李某未依合同约定交纳租金,物业公司有权依合同约定终止合同、收回摊位。

要约在本质上是意思表示,内容必须具体,即要约中应包括所欲订立合同的基本内容,而不仅仅是表达订立合同的意向。要约人应当向受要约人表明,该要约一旦由受要约人承诺,合同即告成立,要约人即受到拘束。需要注意的是,实践中要约人不一定用清晰的语言表达这一意思,这就需要受要约人对此进行仔细分析。要约邀请又被称之为要约引诱,是希望他人向自己发出要约的意思表示。要约邀请与要约之间的区别在合同中签订过程中应予注意。要约与承诺达成一致,合同即成立,对双方有约束力。

4.不能撤销的要约

案例：

2008 年 6 月,原告杨某承包了被告的养殖场的 17 号虾池,承包期至 2010 年 4 月。2009 年 12 月,养殖场向杨某发出一份通知,内容为:"杨某:你原承包的 17 号虾池于 2010 年 4 月到期,根据新一轮承包方案的规定,虾池的承包价格比原承包价格每亩增加 70 元,金额计算至 2011 年 1 月 31 日。根据该通知,养殖场确认杨某最后的交款期限应为 2010 年 3 月 15 日前。杨某收到这份通知没有提出异议。2010 年 3 月 2 日,养殖场通过公开招标的方式,将杨某承包的 17 号虾池重新发包给邱某。杨某得知后,立即赶去交纳承包金,由于 17 号虾池已经被发包,故养殖场不让杨某交纳。

专家解析：

《合同法》第十九条：有下列情形之一的，要约不得撤销：

（一）要约人确定了承诺期限或者以其他形式明示要约不可撤销；

（二）受要约人有理由认为要约是不可撤销的，并已经为履行合同作了准备工作。

第十七条：要约可以撤回。撤回要约的通知应当在要约到达受要约人之前或者与要约同时到达受要约人。

第十八条：要约可以撤销。撤销要约的通知应当在受要约人发出承诺通知之前到达受要约人。

专家支招：

要约的撤销是指要约人在要约生效后，将该要约取消，从而使其效力归于消灭。要约的撤回是指要约人在要约达到受要约人之前或同时，向受要约人表示撤回所发出的要约。要约的撤回和要约的撤销所产生的法律效果一致，即取消要约。但是，法律一方面允许要约人撤销要约，有效地保护要约人的利益，减少不必要的损失，但是另一方面也应顾及到受要约人的利益，所以在《合同法》第十九条情形下，要约不得撤销，以保护受要约人的利益。因此，在发出要约前，必须慎重。要约发出后，要约人要撤销要约，需要考虑受要约人是否存在十九条的情形，但是要约的撤回不在此限。因撤回要约的通知，与不迟于要约到达的受要约人的时间，故受要约人对合同达成的合理信赖尚未形成。

在本案中，养殖场于 2009 年 12 月向杨某发出通知是一种要约行为，该通知明确了承包期限、承包金额、承诺期限，杨某须在承诺期限内交清承包金，承包行为遂成立，否则视为自动放弃承包。杨某于 2010 年 3 月 2 日（承诺期限内）要求交纳承包金时，养殖场已将 17 号虾池发包他人,养殖场的上述行为侵犯了杨某的合法权益,违反了《合同法》关于"要约人确定了承诺期限"的要约不得撤销的规定,养殖场的行为无效,杨某有权继续承包 17 号虾池。

因此,在发出要约前,若要约中确定了承诺期限,除非要约失效,即出现《合同法》第二十条规定的四种情形:"(一)拒绝要约的通知到达要约人;(二)要约人依法撤销要约;(三)承诺期限届满,受要约人未作出承诺;(四)受要约人对要约的内容作出实质性变更"。否则,要约人不得撤销要约。

5.合同没有成立,为什么还要承担责任

案例:

高某与某房地产公司于 2005 年 9 月 19 日订立了商品房预约登记书一份。该预约登记书载明:预约有效期自本预约登记书签订之日起至预约物业正式预售之日后 15 日止(正式预售日期以开发商确定为准)。房屋开始预售后,预约人在有效期内决定是否购买,若购买则签订正式购房合同,预约登记金抵作房款;若不购买,则由开发商在有效期结束后 10 日内退还预约登记金。双方约定,该预约登记书自签订时预约登记人交纳预约金 10000 元。

某房地产公司于 2005 年 12 月 5 日开始公开预售,并将高某预订购买的该套单元房卖于案外人许某,并在房产管理部门办理了备案登记,未向高某退还其交纳的 10000 元。高某发现后,要求某房地产公司返还已付购房款 10000 元、承担 10000 元赔偿责任并赔偿损失。某房地产公司认为其只应退还 10000 元,不承担其他责任。

专家解析：

　　《合同法》第四十二条：当事人在订立合同过程中有下列情形之一，给对方造成损失的，应当承担损害赔偿责任：

　　（一）假借订立合同，恶意进行磋商；

　　（二）故意隐瞒与订立合同有关的重要事实或者提供虚假情况；

　　（三）有其他违背诚实信用原则的行为。

专家支招：

　　缔约上过失责任，是指在合同订立过程中，一方因违背其依据诚实信用原则所应负的义务，而致另一方的信赖利益损失时所应承担的民事责任。缔约上过失责任发生在合同订立的过程中。虽然缔约上过失责任发生在合同成立之前，但是它要求当事人之间已经进行某种缔约联系并实际展开缔约活动。依据诚实信用原则，在缔约过程中，在当事人之间产生一定的附随义务，即先合同义务。先合同义务主要包括以下几种：与合同订立有关的重要事项的告知义务；相互协作和保护的义务，即缔约当事人在缔约之际应尽必要的注意，尽力保护对方的利益，尽可能地为其提供方便；忠实与保密义务，即当事人在缔约之际，不得欺诈、胁迫以及滥用优势地位，也不得随意泄露其在缔约过程中知晓的对方的商业秘密。从这个角度看，缔约上过失责任就是故意或者过失地违反这些先合同义务所产生的民事责任。

　　在本案中，高某与某房地产公司签订的商品房预约登记书出于双方自愿，系双方真实意思表示，且某房地产公司已取得了所买卖商品房的预售资格，依照最高人民法院商品房买卖合同的相关司法解释，为有效的民事行为。某房地产公司将预约登记在高某名下的房屋以高价出售给第三人，获取高额利润，应当认定某房地产公司构成违约。鉴于双方所签商品房买卖预约登记书已无法履行，买卖合同无法达成，但是高某作为预约登记的买受人其损失显而易见，故某房地产公司应对高某的损失承担赔偿责任,该种赔偿责任属于《合同法》第四十二条所规定的缔约上过失。因此,即使合同未订立,或者虽然成立,但是因为不符合法定生效要件而被确认为无效或者被撤销时,虽然不产生合同的违约责任,但是基于缔约双方的信赖关系以及诚实信用原则,则可能存在缔约过失责任适用的可能,因此,在合同磋商过程中须予以注意。

第二章 合同效力

1.附条件的合同

案例:

李某取得某村围场地的承包经营权后,自筹资金兴建了水果市场,并与林某签订合同,约定将该市场一排 2 座 25-26 号两间铺位出租给林某经营,租赁期限为 2010 年 6 月 1 日至 2013 年 5 月 30 日,租金每月 1580 元,治安费、清洁费每月每间 80 元,从 2010 年 9 月起计收;并约定合同签订后,林某向李某支付定金 7500 元,合同期满后,李某退还定金给林某,水电费由林某出资,装修费由李某自理,期满后一切装修设施无偿归李某所有,李某不得拆除,合同签订后经市工商行政管理局鉴证后生效等条款。林某于 2010 年 3 月向李某支付了定金 7500 元,8

月开始装修和使用铺位,支付了9月份的租金及清洁费、治安费1820元。自2010年10月始,林某没有向李某支付租金。2010年11月30日,李某自行强制收回其出租的铺位。李某要求林某支付2010年10月的租金,但林某认为该租赁合同未经市工商行政管理局鉴证,尚未生效,无需支付。

专家解析:

《合同法》第四十五条:当事人对合同的效力可以约定附条件。附生效条件的合同,自条件成就时生效。附解除条件的合同,自条件成就时失效。

当事人为自己的利益不正当地阻止条件成就的,视为条件已成就;不正当地促成条件成就的,视为条件不成就。

专家支招:

《合同法》上所附的条件应满足下列要求:①将来发生的事实。②客观上可能发生的事实。即条件在将来是否必然发生,行为人在约定时不能确定。将来必定发生和根本不会发生的事实不能作为合同所附的条件。③当事人约定的事实。④所附条件应合法。⑤条件不得与合同的主要内容相矛盾。如果二者之间相互矛盾,则表明行为人的意思表示是不真实的,应认定合同不成立。

在本件纠纷中,李某与林某双方自愿签订的租赁合同,约定有签订合同后经市工商行政管理局鉴证生效,即合同双方当事人约定了合同生效的附带条件。条件未成就,合同就不生效。李某与林某签订合同后没有经工商鉴证,因此双方所签订的租赁合同没有发生法律效力,对双方没有法律约束力。依据《中华人民共和国合同法》第四十五条的规定,李某不能按该合同主张被告支付租金及管理费等。依据《中华人民共和国民法通则》第四条规定:"民事活动应遵循自愿、公平、等价有偿、诚实信用的原则"的规定,双方纠纷应按照公平、等价有偿、诚实信用原则及双方的实际履行情况来处理。因此,林某应参照在合同中约定的租金标准,向李某支付从 2010 年 8 月至 11 月 30 日李某自行强制收回铺位止的铺位实际使用金。林某已交付的租金及治安费、清洁费 1820 元和定金 7500 元,用以折抵实际使用金。

2.无权代理人签订的合同

案例:

陈某从事二手车生意,以其亲戚胡某的名义从沈某处购得登记车主为王某的桑塔纳轿车一辆,签订《机动车交易合同书》一份:约定车价为 37000 元, 由于缺少车辆登记证书和附加费证书, 故只支付车款 27000 元,余款 10000 元约定等沈某交付两项证书后再支付。由于沈某一直未向陈某交付车辆登记证书和附加费证书, 故陈某也未向其支付 10000 元余款。签订合同当日,因胡某并未到场,买方"胡某"系陈某代签。后陈某破产,该车被抵押,沈某才要求陈某、沈某付清余款。

专家解析:

《合同法》第四十八条:行为人没有代理权、超越代理权或者代理权终止后以被代理人名义订立的合同,未经被代理人追认,对被代理人不发生效力,由行为人承担责任。

相对人可以催告被代理人在一个月内予以追认。被代理人未作表示的,视为拒绝追认。合同被追认之前,善意相对人有撤销的权利。撤销应当以通知的方式作出。

专家支招：

无权代理是指行为人不具有代理权而以他人名义实施的法律行为。无权代理具备有权代理的表面特征，即以他人的名义进行代理活动，但不具备有权代理的实质特征，即代理行为的法律效果直接归属于被代理人，因而不是真正的代理。因此，在签订合同的过程中，必须要慎重审查代理人是否有授权。一般来说，须有授权委托书，有本人的签名或盖章。《民法通则》把无权代理明确划分为三种不同的类型。

一是根本未经授权的无权代理。它包括未经委托授权而以他人名义进行代理活动，以及法定代理人以外的人以无民事行为能力、限制民事行为能力人的名义进行代理活动等情况。这类无权代理的常见原因，是假借他人名义为自己谋取利益，如盗用单位介绍信、空白合同书订立合同。这种无权代理不能与无因管理相混淆，因为前者是关涉他人的法律行为，而后者一般是关涉他人的事实行为。

二是超越代理权范围的无权代理。即代理人获得了被代理人的授权，但他实施的代理行为，不在被代理人的授权范围之内，他在代理行为中超越代理权限的部分，为无权代理。如果被代理人对代理人的代理权限的限制未经公示而不被外部第三人了解，则代理人的越权代理行为不能对抗善意第三人。这种情形，构成表见代理。

三是代理权终止后的无权代理。代理权消灭后，代理人仍以被代理人的名义进行代理活动，这分两种情况：第一，代理人不知其代理权消灭而继续进行代理活动，这种情形代理人属于善意行为，根据具体情况确定由被代理人承担还是代理人承担其后果。第二，代理人明知其代理权消灭而继续进行代理活动。这种情形代理人属于恶意行为，按无权代理法律后果处理。

在本案中，胡某本人未到场，沈某陈述《机动车交易合同书》中的买方"胡某"为陈某所写,属于上述第一种情形,根本没有得到授权。如买卖关系确实发生于沈某与胡某之间,陈某代其在合同上签字,应有胡某的授权,现沈某未提供证据证明陈某的买卖行为得到胡某的授权或者事后得到胡某的追认,故应当由行为人(即陈某)承担相应的民事责任;该笔买卖余款该由陈某承担。

相比于无权代理,有权代理是指代理人基于代理权所为之代理。有权代理相对于无权代理而言,是代理的常态。有权代理可以分为当然的有权代理、转化的有权代理及拟制的有权代理。当然的有权代理是代理人在代理权限内所为之代理;转化的有权代理是狭义的无权代理,是基于本人的明示或默示追认而转化成了有权代理;拟制的有权代理是指为了保护善意第三人的利益对虽然形式上没有代理权的表见代理,法律却拟制为有权代理的情形。

3.无处分权人签订的合同

案例一:

2004 年 4 月 3 日,王某、夏某签订《购房意向合同》,面积以产权证面积为准,成交价为人民币 20 万元,夏某交定金 1 万元,王某保证 2004 年 10 月 1 日前办到房屋产权证后,双方才办理产权过户手续,双方同意于 2004 年 4 月 8 日前交房, 房屋交付时其建筑范围内固定设施、固定装修一并转移。双方确定本合同后,签订房屋买卖合同并办理公证或验收后,依法办理产权变更手续。办理过户手续所需缴纳的税费由双方按国家政策各自支付, 公证费各自承担一半。同时约定若因王某的原因,造成房屋不能过户交易,则夏某装修房屋所需费用,由王某赔偿;若因夏某的原因不能正常交易,则定金作为违约金。后因夏某急于用房结婚,王某于2004年4月8日将房屋交付给夏某,夏某则居住使用该房至今,使用房屋期间产生的物管、水电、煤气等费用的手续由夏某办理。

之后王某在办理房屋产权证的过程中又缴纳过土地出让金19270元、房屋尾款5810元、契税90.21元。2006年4月13日,王某办理了该房屋的所有权证,2006年6月15日办理了该房屋的土地使用权证。此后王某以在办证过程中费用增加、交易税调高,按原合同交易将出现亏损为由,要求提高房屋售价,双方协商未果,后王某以各种理由要求解除《购房意向合同》。

案例二:

2012年5月,王某从赵某处购得二手笔记本一台,约定价格为3000。同年6月,李某发现王某所用的笔记本是其3月借给赵某编程所用。要求王某将笔记本还回,王某不肯,发生纠纷。

专家解析:

《合同法》第五十一条:无处分权的人处分他人财产,经权利人追认或者无处分权的人订立合同后取得处分权的,该合同有效。

专家支招:

这里所谓处分是指法律上的处分,包括财产的出让、赠与、在财产上设定抵押、质押等行为。原则上对财产的处分只能由享有处分权的人行使,无处分权的人处分他人财产构成对他人财产权的侵害。无处分权主要包括两种情况:一是无所有权,二是处分权受到限制。前者如出卖他人之物,后者如对共有财产的处分、对抵押物的处分等。权利人可以对是否追认进行选择,追认后可向无权处分人主张不当得利,但需要注意的是,权利人不能因自己的追认行为而成为合同的当事人。

在案例一纠纷中,购房时对房屋价格以及缴纳的费用是明知的,在出售该房时虽未取得所有权证,但对该所有权具有期待权,虽然当时王某对该房屋无所有权,不能进行处分,但双方基于该期待权签订了《购房意向协议》,后王某取得了该房的所有权证以及土地使用权证,取得了处分权使其预期利益得以实现。依据《合同法》第五十一条之规定,该《购房意向书》为有效合同。王某于 2004 年 4 月 8 日交付了房屋,双方均对买卖合同进行了实际履行。依《合同法》第三十七条之规定,双方买卖合同关系成立。现王某以未签订过房屋买卖合同,未进行过公证和产权变更登记,未支付购房款,国家政策改变税赋加重,且房价低于现市价为由,要求解除《购房意向书》,违反了合同约定,也不符合法律规定。夏某占有该房是源于王某履行合同的交付行为,夏某占有该房有合同依据,对王某请求腾房的诉讼请求不予支持。

但是,在实践中需要注意善意取得制度对无权处分效力的影响。善意取得是指无权处分人将其占有的他人的动产转让给第三人,该第三人在取得该动产时如符合公平的、善意的、有偿的且无过失的条件,则其可以取得该动产的所有权,原所有人不能要求其返还该财产,而只能请求无权处分人赔偿损失。善意取得制度的宗旨在于保护善意相对人,维护社会交易安全。我国司法实践承认善意购买者可以取得其购买的、依法可以转让的财产的所有权,司法解释也规定保护善意、有偿取得财产的第三人的合法权益。因此,在案例二中,王某与赵某所达成的买卖合同有效,不存在欺诈、胁迫,以及恶意串通损害李某利益的行为;且王某已付钱款,赵某已将笔记本交付给王某。因此,符合《物权法》一百零六条关于善意取得的要件,虽然赵某无处分权,但是因王某符合善意取得的要件,为保护交易的稳定安全,王某取得该笔记本的所有权。在本件纠纷中,李某只能要求损害其物权的赵某承担损害赔偿责任。

4.签订合同无效的法定情形有哪些

案例：

2006 年 1 月 18 日，张某、丁某签订了《林地租用合同》，合同约定，丁某将其 7000 亩林地租给张某使用，具体界线以本合同附图纸的红线部分为准；租用林地的价格是每年每亩 20 元人民币；付款方式：张某于签订合同时交纳人民币 20 万元给丁某作为定金，林地交付使用时，张某每年 2 月交清当年的租金给丁某；张某只租用丁某的林地，丁某的一切债务与张某无关等。除签订上述合同外，张某、丁某于当日另签订了一份《杉林合同股权协议》，两份合同签订后，张某支付了 40 万元给丁某。2007 年 2 月 10 日，张某、丁某签订了《关于解除〈林地租用合同〉的协议》，协议内容如下：由于受多种不利因素的影响，甲乙双方在 2006 年 1 月 18 日签订的《杉林合同股权协议》和《林地租用合同》无法履行，经双方协商同意解除，并协议如下：1.丁某退回 40 万元（其中股权转让金 20 万元、林地租用合同定金 20 万元）给张某。2.张某交回双方于 2006 年 1 月 18 日签订的《杉林合同股权协议》和《林地租用合同》给丁某。3.双方于 2006 年 1 月 18 日签订的《杉林合同股权协议》和《林地租用合同》即日解除。2006 年 2 月 10 日，张某在上述解除合同上签字确认，丁某在上述解除合同上加盖了公章予以确认。后郭某向法院起诉确认张某与丁某 2007 年所签订的《关于解除〈林地租用合同〉的协议》无效，丁某为逃避债权与张某恶意串通而签订的虚假协议，要求代位行使张某之债权，并列举了张某仍实际租赁该林地以及支付租金的证据。

专家解析：

《合同法》第五十二条：有下列情形之一，合同无效：

（一）一方以欺诈、胁迫的手段订立的合同，损害国家利益；

（二）恶意串通，损害国家、集体或者第三人利益；

（三）以合法形式掩盖非法目的；

（四）损害社会公共利益；

（五）违反法律、行政法规的强制性规定。

专家支招：

本条是关于无效合同的规定。所谓无效合同，就是不具有法律约束力和不发生履行效力的合同。一般合同一旦依法成立，就具有法律拘束力，但是无效合同却由于违反法律、行政法规的强制性规定或者损害国家、社会公共利益，因此，即使其成立，也不具有法律拘束力。无效合同一般具有以下特征：①无效合同具有违法性。一般来说本法所规定的无效合同都具违法性，它们大都违反了法律和行政法规的强制性规定和损害了国家利益、社会公共利益，如合同当事人非法买卖毒品、枪支等。②无效合同是自始无效的。所谓自始无效，就是合同从订立时起，就没有法律约束力，以后也不会转化为有效合同。

本条规定，有下列情形之一的合同无效：

1.一方以欺诈、胁迫的手段订立合同，损害国家利益。本项是对以欺诈、胁迫的手段订立的合同效力的规定。欺诈具有以下构成要件：（1）欺诈一方当事人有欺诈的故意。即欺诈方明知告知对方的情况是虚假的，并且会使对方当事人陷于错误而仍为之。（2）要有欺诈另一方的行为。（3）受欺诈方签订合同是由于受欺诈的结果。所谓胁迫，是指行为人以将要发生的损害或者以直接实施损害相威胁，使对方当事人产生恐惧而与之订立合同。因胁迫而订立的合同要具有如下构成要件：（1）胁迫人具有胁迫的故意。(2)胁迫者必须实施了胁迫行为。胁迫在合同中常常表现为强制对方订立合同而实施的,也可以是在合同订立后,以胁迫手段迫使对方变更或者解除合同。(3)胁迫行为必须是非法的。胁迫人的胁迫行为是给对方施加一种强制和威胁,但这种威胁必须是没有法律依据的。(4)必须要有受胁迫者因胁迫行为而违背自己的真实意思与胁迫者订立的合同。如果受胁迫者虽受到了对方的威胁但不为之所动,没有与对方订立合同或者订立合同不是由于对方的胁迫,则不构成胁迫。

2.恶意串通,损害国家、集体或者第三人利益的合同。所谓恶意串通的合同,就是合同的双方当事人非法勾结,为牟取私利,而共同订立的损害国家、集体或者第三人利益的合同。由于这种合同具有极大的破坏性,损害了国家、集体或者第三人的利益,为了维护国家、集体或者第三人的利益,维护正常的合同交易,本法依据民法通则第五十八条的规定,将此类合同纳入了无效合同之中。

3.以合法形式掩盖非法目的而订立的合同。《民法通则》第五十八条第七项规定,以合法形式掩盖非法目的的民事行为无效。此类合同中,行为人为达到非法目的而以迂回的方法避开了法律或者行政法规的强制性规定,所以又称为伪装合同。例如,当事人通过虚假的买卖行为达到隐匿财产、逃避债务的目的就是一种比较典型的以合法形式掩盖非法目的的合同。由于这种合同被掩盖的目的违反法律、行政法规的强制性规定,并且会造成国家、集体或者第三人利益的损害,所以本法把此类合同也纳入了无效合同中。

4.损害社会公共利益的合同。许多国家的法律都规定违反了公序良俗或者公共秩序的合同无效。公序良俗或者公共秩序对于维护国家、社会一般利益及社会道德具有极其重要的作用。我国虽然没有采用公序良俗或者公共秩序的提法,但是我国《民法通则》第五十八条第五项确立了社会公共利益的原则。第五十八条第五项规定,违反法律或者社会公共利益的民事行为无效。损害社会公共利益的合同实质上是违反了社会主义的公共道德,破坏了社会经济秩序和生活秩序。例如,与他人签订合同出租赌博场所。

5.违反法律、行政法规的强制性规定的合同。从本条的规定可知,只有违反了这些法律、行政法规的强制性规定的合同才无效。这是因为法律、行政法规包含强制性规定和任意性规定。强制性规定排除了合同当事人的意思自由,即当事人在合同中不得合意排除法律、行政法规强制性规定的适用,如果当事人约定排除了强制性规定,则构成本项规定的情形;对任意性规定,当事人可以约定排除,如当事人可以约定商品的价格。法律、行政法规的强制性规定与法律、行政法规的禁止性规定是不同的。法律、行政法规的强制性规定是指法律、行政法规中规定人们不得为某些行为或者必须为某些行为,如法律规定当事人订立的合同必须经过有关部门的审批等都属于强制性规定;而法律、行政法规的禁止性规定只是指规定人们不得为某些行为的规定。由此可见,法律、行政法规的强制性规定应当包括法律、行政法规的禁止性规定。应当特别注意的是,本项规定只限于法律和行政法规,不能任意扩大范围。这里的法律是指全国人大及其常委会颁布的法律,如当事人订立的合同违反了刑事法律或者行政管理法律;行政法规是指由国务院颁布的法规,如我国税收征管、外汇管理的法规。实践中存在的将违反地方行政管理规定的合同都认定为无效是不妥当的。

在本件纠纷中,张某与丁某签订的《关于解除〈林地租用合同〉的协议》是丁某为了逃避债务而与张某签订的虚假协议,该协议内容因非双方当事人的真实意思表示,同时有相互串通,损害合同中第三人郭某的利益,该解除合同符合《合同法》第五十二条第二项的规定,应属无效。

5.如何设置免责条款

案例：

某文具公司与不干胶公司存在长期的不干胶供应关系。2008年1月至6月,不干胶公司向某文具公司供应了不干胶50批。不干胶公司《送货单》上明确写明"如以上货物有质量问题,须在签收后7天内书面形式提出或传真本公司"。某文具公司系用不干胶为客户制作各种标贴的企业。2009年初,某文具公司持10家客户出具的退货、补货证明等向不干胶公司提出索赔,认为由于不干胶公司提供的不干胶存在质量问题,导致客户退货、补货等计人民币141,806元,给某文具公司造成了经济损失。但是,某文具公司提供的客户证明,客户在2008年7月即已陆续有退货、补货情况。

专家解析：

《合同法》第五十三条:合同中的下列免责条款无效:

(一)造成对方人身伤害的;

(二)因故意或者重大过失造成对方财产损失的。

专家支招：

《合同法》第五十三条规定合同中造成对方人身伤害的和因故意或者重大过失造成对方财产损失的免责条款无效。根据该规定,只要造成对方人身伤害,无论是故意还是过失均不能免责。与此不同,造成对方财产损失的免责条款只有在故意或者重大过失的情况下才无效。故意和过失均为过错的形式。故意是行为人预见到自己的行为可能造成损害后果，而仍希望或者放任这种损害后果发生的心理状态。过失是行为人违反了其应尽的注意义务，对自己行为所造成的损害结果应当预见或者能够预见而没有预见，或者虽然预见到了却轻信能够避免的心理状态。重大过失与轻微过失相对，判断行为人是否具有重大过失，应根据法律对行为人的要求和行为人的主观认识程度与产生的客观结果来衡量。

在本件纠纷中，某文具公司与不干胶公司的不干胶买卖合同关系合法有效，但双方皆未提供对不干胶质量标准的书面约定。不干胶公司《送货单》上明确写明"如以上货物有质量问题，须在签收后7天内书面形式提出或传真本公司"，而某文具公司长期使用不干胶为客户制作产品的，应有能力在合理期限内发现不干胶有质量问题，尤其如客户退货证明中所反映的黏性不足问题。但某文具公司不仅未在收货后7天内提出质量异议，且根据其提供的客户证明，客户在2008年7月即已陆续有退货、补货情况，某文具公司非但没有向不干胶公司及时提出质量问题和处理意见，而且在继续使用不干胶为客户加工产品。时隔半年，某文具公司以不干胶公司提供的不干胶质量不合格为由提出索赔，其间不确定因素增多，即使进行质量鉴定，对鉴定对象的确定、质量标准的认定、导致黏性不足的原因、赔偿金额的合理性等皆难以把握。故双方应严格遵循《送货单》上的约定，某文具公司没有在7天内即合理的时间内行使质量检验的权利，根据《合同法》第五十三条某不干胶公司的免责条款符合法律规定。某不干胶公司通过免责条款有效地控制了合同风险。

6.可撤销的合同

案例：

　　刘某系个体工商户，黄某在刘某的加工厂上班,2009年7月17日下午,黄某在工作时受伤,到医院救治,加工厂垫付了医药费。2009年8月3日,加工厂向市劳动和社会保障局申请对原告所受伤进行工伤认定。2009年8月4日,原告出院。同日,黄某与加工厂就工伤事故赔偿达成协议,协议书未加盖加工厂公章,由加工厂生产厂长刘某代表厂方签字。协议签订当日,原告收到了厂方支付的一次性伤残补助金、一次性伤残就业补助金和医疗补助金、一次性护理费4000元,并出具收条一份。2009年8月21日,市劳动和社会保障局受理了被告的工伤认定申请,于同年10月10日作出了工伤认定,2010年2月9日,经市劳动能力鉴定委员会鉴定,黄某为十级伤残。2010年5月11日,黄某申请市劳动争议仲裁委员会仲裁赔偿协议无效,2010年5月11日,市劳动争议仲裁委员会作出不予受理的决定,并向黄某送达不予受理通知书。

　　双方所达成的赔偿协议约定的内容为:"……黄某自愿放弃工伤认定和伤残等级鉴定。经双方友好协商一致,达成协议如下:一、除加工厂已经支付的医疗费、停工留薪待遇、交通费、住院补助费合计2927.92元外,加工厂付给黄某一次性伤残补助金、一次性伤残就业补助金和医疗补助金、一次性护理费等合计人民币4000元。二、双方于本协议签订日自愿解除劳动关系。加工厂于本协议签订日一次性向乙方支付上述款项,黄某向加工厂出具领款凭据。双方就此事项涉及的经济往来全部结束。三、双方就此事项签订本协议作一次性了断,黄某保证今后不得以任何理由以此事项再向加工厂提出任何经济赔偿……"。本件纠纷争议的焦点是根据该协议约定的内容是否有效？

专家解析：

《合同法》第五十四条：下列合同，当事人一方有权请求人民法院或者仲裁机构变更或者撤销：

（一）因重大误解订立的；

（二）在订立合同时显失公平的。

一方以欺诈、胁迫的手段或者乘人之危，使对方在违背真实意思的情况下订立的合同，受损害方有权请求人民法院或者仲裁机构变更或者撤销。

当事人请求变更的，人民法院或者仲裁机构不得撤销。

专家支招：

可变更或者可撤销的合同是指因当事人在订立合同时意思表示不真实等原因，法律允许当事人一方请求人民法院或者仲裁机构将该合同予以变更或者撤销的合同。根据《合同法》的规定，因重大误解订立的、在订立合同时显失公平的和一方以欺诈、胁迫的手段或者乘人之危，使对方在违背真实意思的情况下订立的合同属于可变更或者可撤销的合同。较之于《民法通则》，《合同法》规定的可变更或者可撤销的合同在范围上有所扩大。这类合同有以下特点：其一，它主要是意思表示不真实的合同；其二，必须由当事人主动提出变更或者撤销，人民法院或者仲裁机构不能主动干预；其三，在变更或者撤销之前该合同是有效的。

本件纠纷中，争议的焦点是双方的赔偿协议是否显失公平。显失公平是指一方当事人利用优势或者利用对方没有经验，致使双方的权利义务明显违反公平、等价有偿原则的情况。显失公平的民事行为往往是当事人双方的权利和义务极不对等,经济利益上的不平衡。认定显失公平的民事行为应把握以下要点:①显失公平适用于有偿民事行为。无偿民事行为根本不存在对价问题,因此无偿民事行为也就不存在双方利益的不平衡和显失公平了。②行为内容所表现的双方当事人之间的利益关系严重违反公平原则,使得一方当事人获得暴利,而另一方的利益严重受损。③造成显失公平的原因是一方当事人利用自己的优势或利用对方没有经验。④利益受损一方当事人所实施的民事行为并非其真实意愿,而是屈服了对方的优势地位,或者是缺乏经验,或者是过于轻率而被人利用。

最高人民法院《关于审理劳动争议案件适用法律若干问题的解释(三)》第十条规定:"劳动者与用人单位就解除或者终止劳动合同办理相关手续、支付工资报酬、加班费、经济补偿金或者赔偿金等达成的协议,不违反法律、行政法规的强制性规定,且不存在欺诈、胁迫或者乘人之危情形的,应当认定有效。前款协议存在重大误解或者显失公平情形,当事人请求撤销的,人民法院应予支持。"本案中双方当事人就工伤损害达成的赔偿协议,不违反法律法规效力性强制规范,黄某主张协议违反强制性规定的上诉理由不能成立。

关于双方签订的协议是否构成显失公平的问题。所谓显失公平,是指双方当事人的权利义务明显不对等,使一方遭受重大不利。其构成要件为:双方当事人的权利义务明显不对等;这种不对等违反公平原则,超过了法律允许的限度;不属于因欺诈、胁迫、乘人之危、恶意串通损害他人利益等原因导致的显失公平。本案中黄某伤残等级为十级,其应获得的一次性伤残补助金为 7 个月本人工资,一次性工伤医疗补助金和一次性伤残就业补助金(为 10 个月统筹地区上年度平均工资)。刘某支付给黄某的各项赔偿费用合计 6927.92 元(含医疗费),明显低于黄某应取得的工伤保险待遇。另外,一般的合同关系仅涉及双方当事人的财产权纠纷,而本案中,双方就工伤损害达成的赔偿协议虽具有一般合同的属性,但本案的处理并非针对简单的债权债务关系,而是涉及劳动者的生存权益。故综合考虑以上因素,双方签订的赔偿协议导致双方权利义务不对等,使黄某遭受重大利益损失,构成显失公平。

7.合同中解决争议条款的重要性

案例:

2009 年 7 月 2 日,蒋某等三人与蔡某经中介公司居间介绍,签订一份房屋买卖居间协议,约定蒋某等三人向蔡某购买房屋。该协议签订当日,蒋某等三人按约向蔡某支付定金人民币 10000 元。2009 年 7 月 11 日,蒋某等三人与蔡某按约签订《房地产买卖合同》,约定上述房屋转让价款为 365000 元, 蒋某等三人于 2009 年 7 月 2 日前支付 10000 元作为定金, 待支付尾款时抵作房价款;7 月 6 日前支付 100000 元,8 月 30 日前支付 245000 元,9 月 2 日前支付 10000 元。双方确认在 2009 年 7 月 30 日前,共同向房地产交易中心办理转让过户手续;蔡某于 8 月 15 日前腾出该房屋并通知蒋某等三人进行交接验收。此外,双方还对其他事项及违约责任进行了约定。合同开始履行后,蒋某等三人按约向蔡某支付了 10000 元定金和 100000 元首付房款,并向银行申请贷款。2009 年 8 月 24 日,蒋某等三人获知银行的贷款手续经审核批准后,以书面和口头方式通知蔡某办理转让过户手续, 但蔡某以蒋某等三人的贷款在 8 月 30 日前可能无法按时支付为由,拒绝给蒋某等三人办理产权过户手续。2009 年 9 月 28 日,双方就履行合同经多次协商无果后,在中介公司主持下解除了上述房屋买卖合同, 蔡某退还了蒋某等三人支付的

10000 元定金和 100000 元购房款。但是,蒋某等三人认为蔡某应双倍返还定金。但蔡某不同意,认为该合同已经解除,不受定金条款的约束。

专家解析:

《合同法》第五十七条:合同无效、被撤销或者终止的,不影响合同中独立存在的有关解决争议方法的条款的效力。

专家支招:

一般而言,合同争议的解决方法有协商、调解、仲裁、诉讼等,合同当事人可以选择相应的解决方式作为合同的条款,这就分别形成了合同中的以协商或者调解方式解决争议的条款、仲裁条款和选择受诉法院的条款等。合同无效、被撤销或者终止的,不影响合同中独立存在的有关解决争议方法的条款的效力。这里所说的"独立存在"是指解决争议条款作为合同条款的组成部分,其不仅不会因为合同发生争议、变更、解除、终止或者无效而失去效力,反而因此得以实施。另外,在实践中,也应该承认合同中约定的选择检验、鉴定机构条款的独立性,与解决争议的条款相联系起来。

就本件纠纷,双方签订的《房地产买卖合同》有关房屋买卖的内容系双方真实意思表示,依法成立且生效,当事人应当全面履行自己的义务。根据查明的事实,由于蔡某在签订房屋买卖合同并收取蒋某等三人支付的定金和首付款后,以蒋某等三人的贷款在合同约定的时间内可能无法按时支付为由,拒绝和蒋某等三人继续履行买卖合同,在双方协商未果的情况下解除了房屋买卖合同。虽然双方的合同可能存在蒋某等三人出现的因贷款延误而不能及时付款的情况,但是没有赋予蔡某拒绝履行合同的权利,因此,蔡某拒绝继续履行买卖合同的行为已经构成违约,其应当就导致买卖合同无法继续履行承担相应的违约责任。

后房屋买卖合同被解除。根据法律规定,合同无效、被撤销或者终止的,不影响合同中独立存在的有关解决争议方法的条款效力。法律还规定,当事人可以约定一方向对方给付定金作为债权的担保。债务人履行债务后,定金应当抵作价款或者收回。给付定金的一方不履行约定债务的,无权要求返还定金,收受定金的一方不履行约定债务的,应当双倍返还定金。因此,蒋某等三人追究蔡某违约责任,要求蔡某双倍返还定金的理由,符合法律规定。

8.合同失去效力的后果

案例:

2006年1月21日,孙某以乙方的身份与邓某甲方签订了一份购房合同书。合同书对所购的住房位置、价格、付款方式、产权证办理、违约责任等作了明确规定。合同签订当日,孙某就按合同付61800元购房款给邓某,余款4000元,由邓某办理好房屋产权证、土地使用权证后,孙某一次性付清。如果一方违约,赔付购房款20%违约金。之后,孙某组织装修人员对该房进行装修,当装修工程完成近百分之六十至七十时,与案外人就该房屋产权归属发生争议,该房产属于邓某原合伙建筑的另一合伙人龚某,为此酿成纠纷。

专家解析:

《合同法》第五十八条:合同无效或者被撤销后,因该合同取得的财产,应当予以返还;不能返还或者没有必要返还的,应当折价补偿。有过错的一方应当赔偿对方因此所受到的损失,双方都有过错的,应当各自承担相应的责任。

专家支招：

因为无效的合同或者被撤销的合同自始就没有法律约束力，故合同被确认无效或者被撤销以后，将溯及既往。对于无效合同而言，因其内容上的违法性较严重，即使当事人在事后追认，也不能使这些合同生效。一旦合同被确认无效或者被撤销，合同关系即不再存在，原合同对当事人不再具有法律约束力。当事人也不得基于原合同主张权利，如当事人不得请求实际履行或者要求另一方承担违约责任。

合同被确认无效或者被撤销后，虽然不能产生当事人预期的法律后果，但并非不产生任何法律后果，当事人应负返还财产、赔偿损失的民事责任，当事人恶意串通，损害国家、集体或者第三人利益的，因此取得的财产收归国家所有或者返还集体、第三人。对于无效合同而言，由于当事人侵犯了法律所保护的社会秩序和公共利益，除了要承担民事责任以外，还可能承担行政责任或者刑事责任。

在本件纠纷中，邓某将不属于自己所有的房屋出卖给孙某，从而导致双方签订的《购房合同书》无效，邓某在本案中具有过错。根据《中华人民共和国合同法》第五十八条的规定，邓某作为有过错的一方，应当在返还孙某购房款的同时，赔偿孙某因此所受到的损失。本案中，孙某因合同无效遭受的最直接、最客观损失为所购房屋的升值收益和所交房款利息。因邓某的过错，现均已添附在案外人所有的房屋内，实际难以拆除，即使拆除不但会损坏该部分材料，还会破坏案外人的房屋原状，应对案外人龚某进行赔偿。且导致合同无效的责任在邓某，故邓某负有返还收取孙某的购房款和赔偿其装修房屋所造成损失的责任。《合同法》第五十七条规定，合同中约定的违约金仍对双方有约束力。因此，孙某可依据买卖合同向邓某主张违约金。

第三章 合同的变更和转让

1.怎样进行合同的变更

❋ ❋ ❋

案例：

2005 年 6 月 15 日，李某和刘某签订门市房买卖协议一份，该协议约定，由李某购买刘某所有的门市房，产权面积为 16.39 平方米，价格为 12000 元 / 平方米，总房款为 196680 元，由李某一次性支付；双方应承担的税、费按相关部门的规定各自缴纳。协议签订后，李某于当天将购房款 196680 元和大修基金 1573.44 元支付给了刘某。2005 年 9 月 7 日，双方又签订了房地产买卖合同。该合同约定，由李某购买刘某所有的门市房，面积为 16.39 平方米，房屋总价款为 80000 元，李某于 2005 年 9 月 7 日前一次性支付。该房地产买卖合同依法办理了备案登记。2005 年 9 月 14 日，双方凭 2005 年 9 月 7 日签订的房地产买卖合同办理了房屋产权过户手续，李某为刘某垫付了各种税、费 6840 元。事后，李某以被告未退还多付的房款 116680 元以及支付垫付的税、费 6840 元，已严重侵犯了其合法权益为由，向法院提起了民事诉讼。

专家解析：

《合同法》第七十七条：当事人协商一致，可以变更合同。

法律、行政法规规定变更合同应当办理批准、登记等手续的，依照其规定。

专家支招：

合同的变更是指合同成立后，当事人在原合同的基础上对合同的内容进行修改或者补充。合同是双方当事人通过要约、承诺的方式，经协商一致达成的。合同成立后，当事人应当按照合同的约定履行合同。任何一方未经对方同意，都不得改变合同的内容。但是，当事人在订立合同时，有时不可能对涉及合同的所有问题都作出明确的规定；合同签订后，当事人在合同履行前或者履行过程中也会出现一些新的情况，需要对双方的权利义务关系重新进行调整和规定。因此，需要当事人对合同内容重新修改或者补充。由于合同是当事人协商一致的产物，所以，当事人在变更合同内容时，也应当本着协商的原则进行。

一方当事人未经对方当事人同意任意改变合同的内容，变更后的内容不仅对另一方没有约束力，而且这种擅自改变合同的做法也是一种违约行为，当事人应当承担违约责任。合同变更既可能是合同标的的变更，也可能是合同数量的增加或者减少；既可能是履行地点，也可能是履行方式的改变；既可能是合同履行期的提前或者延期，也可能是违约责任的重新约定。当事人给付价款或者报酬的调整更是合同变更的主要原因。此外，合同担保条款以及解决争议方式的变化也会导致合同的变更。合同变更需要当事人协商一致，但有的情况下，仅有当事人协商一致是不够的，当事人还应当履行法定的程序。根据本条第二款的规定，法律、行政法规规定变更合同事项应当办理批准、登记手续的，依照其规定。因此，法律、行政法规对变更合同事项有具体要求的，当事人应当按照有关规定办理相应的手续。如果没有履行法定程序，即使当事人已协议变更了合同，变更的内容也不发生法律效力。

为了保证当事人的合法权益,防止和减少不必要的纠纷,明确当事人变更合同的协议及债权人发出的变更合同的通知应当采用书面形式,有利于明确双方的权利和义务,保证在发生纠纷时找到解决争议的依据。

在本纠纷中,由于双方于 2005 年 6 月 15 日签订的门面买卖协议和 2005 年 9 月 7 日签订的商品房买卖合同中所约定的标的物为同一处房屋,而不同的仅是对房屋的总价款作了变更,由于双方于 2005 年 9 月 7 日签订的商品房买卖合同办理了备案登记,并且,双方办理产权过户手续所依据的也是该商品房买卖合同,刘某并未提出异议。根据《合同法》第七十七条第一款"当事人经协商一致,可以变更合同。"的规定,双方于 2005 年 9 月 7 日签订的商品房买卖合同中所约定的房屋总价款应视为对 2005 年 6 月 15 日签订的门面买卖协议中所约定的房屋总价款的变更,因 2005 年 9 月 7 日的商品房买卖合同中约定的房屋总价款为 80000 元,而 2005 年 6 月 15 日的门面买卖协议中约定的房屋总价款为 196680 元,为此,刘某理应将多收的购房款 116680 元退还给李某。

在拟写变更合同时,需要准确把握合同变更这一概念。首先,从原则上说,合同的变更必须经当事人双方协商一致,并在原来合同的基础上达成新的协议。任何一方不得未经过对方同意,无正当理由擅自变更合同内容。当然,这并非意味着合同的变更只能由约定产生。事实上,在一些特殊情形(例如重大误解)之下,法律赋予了当事人解除合同的法定的权利。其次,合同内容的变更,是指合同关系的局部变化,也就是说合同变更只是对原合同关系做某些修改和补充,而不是对合同内容的全部变更。如果对合同内容进行了全部变更,则实际上导致原合同关系的消灭,产生了一个新的合同。合同的标的是合同的核心内容,因此,如果合同的标的发生变化,事实上是原合同关系已经消灭,产生了一个新的合同。其三,合同的变更,也会产生新的债权债务关系。事实上,合同的变更是指在保留原合同的实质内容的基础上产生一个新的合同关系,而变更之外的债权债务关系仍继续生效。

2.债权不得转让的情形

案例：

2008年5月11日苗某向王某借款900000元,并出具借条一张,约定于2009年5月10日还清欠款。2009年4月20日,张某向苗某出具了还款计划一份,约定于2009年5月15日前归还拖欠苗某的人民币980000元, 约定不得转让给第三人。现上述二笔债务均已到清偿期。2009年6月20日,苗某出具声明一份,表示其自愿将对张某的980000元债权转让给王某,由张某直接向原告王某偿还。后王某向张某发出通知,要求其还款,张某拒绝。

专家解析：

《合同法》第七十九条:债权人可以将合同的权利全部或者部分转让给第三人,但有下列情形之一的除外:

(一)根据合同性质不得转让;

(二)按照当事人约定不得转让;

(三)依照法律规定不得转让。

专家支招：

合同转让本质是一种交易行为, 从鼓励交易,搞活经济的角度出发,应当允许大多数的合同权利可以被转让。但是并非所有合同债权都可以被转让。基于社会公共利益以及社会合同相对性的考虑，下列合同债权不得转让：

（1）根据合同性质不得转让的合同债权。基于个人信任关系而发生的合同债权，例如雇佣、委托等合同；以选定的债权人为基础发生的合同债权，例如以某个特定的演员的演出活动为基础订立的演出合同；不作为的债权；属于从权利的债权等。这些合同大多基于当事人之间的特殊信赖关系而产生的，因此其内容仅针对特定的当事人才具有意义，才符合当事人订立合同的目的。这类合同一旦转让，将使得当事人订立合同的目的落空，因而一般不得转让。

（2）按照当事人约定不得转让的债权。《合同法》实行当事人意思自治，当事人可以在合同中约定不违反法律强行性规定的内容。合同一旦达成，在当事人之间即产生相当于法律的效力，当事人不得随意违反。因此，如果当事人已在合同中有禁止债权让与的约定，当事人必须遵守，否则构成违约。

（3）依照法律规定不得转让的合同债权。例如，我国《担保法》第六十一条规定，最高额抵押担保的主合同债权不得转让。另外，对于法律规定须经国家批准的合同，在合同权利转让时应当经原批准机关批准，否则转让无效。

在本件纠纷中，苗某于2009年6月20日出具的声明表示其自愿将对被告张某的980000元债权转让给原告王某，系苗某的真实意思表示，但是与苗某和张某订立的不得转让的约定相违背，故该转让行为无效。在签订合同的过程中，除法律规定和合同性质不能转让的债权外，其他债权如果没有特别约定，债权人均有全部或部分转让的权利；因此，如果债务人不愿意债权人随意转让债权的，可以就此在缔约时与债权人定下"不可转让"条款。

3.合同转让

案例：

某旅店和滕某于 2005 年 7 月 1 日签订了饭店租赁合同。约定：合同期限为八年，自 2005 年 7 月 1 日起至 2013 年 7 月 1 日止；第一、二、三年租金每月 700 元，第四、五、六年每月租金 800 元，第七年以后每月租金 900 元；春节放假一个月免收租金即每年按 11 个月收取租金。滕某租赁经营两年后，于 2007 年 6 月末将承租的饭店转让给房某，房某一次性给付滕某 12 万元，双方签订了转让协议书。此后，房某直接向某旅店交纳了 2007 年 7 月 1 日起至 2008 年 6 月 30 日的租金 7700 元。自 2008 年 7 月 1 日起至 2010 年 10 月 30 日止的租金 20800 元，房某未予交纳。某旅店多次催要未果，以房某和滕某之间的转让行为未经其同意为理由，起诉至法院，要求房某和滕某立即给付租金 20800 元、违约金及将租赁的饭店归还某旅店，并终止饭店租赁合同。

专家解析：

《合同法》第八十八条：当事人一方经对方同意，可以将自己在合同中的权利和义务一并转让给第三人。

专家支招：

合同承受，是指一方当事人依照其与第三人的约定，并经对方当事人的同意，将合同上的权利义务一并转移于第三人，由第三人承受自己在合同上的地位，享有权利并承担义务的法律制度。合同承受一般是基于当事人与他人之间的合同而发生，有时也可以基于法律的直接规定而发生。例如《合同法》第二百二十九条规定："租赁物在租赁期间发生所有权变动的，不影响租赁合同的效力。"这就是说，当买卖租赁物时，基于"买卖不破租赁"的原则，买受人除可以取得物的所有权外，还承受该租赁物上原已存在的租赁合同关系的出租人的权利和义务。此种合同权利义务的概括转让并非基于当事人的意志，而是基于法律的直接规定，属于法定转移。

某旅店与滕某之间的饭店租赁合同，是在平等、自愿和公平的基础上签订的，是双方当事人真实意思的表示，应认定该合同合法有效。滕某经营两年后，将饭店转让给房某经营，某旅店虽然称此转让行为未经其同意，但在房某经营饭店期间，某旅店曾直接向房某收取了租金，应视为对该转让行为的默认，应认定该转让行为有效。转让行为发生法律效力后，原承租人滕某即退出租赁关系，而由受让人房某取代其位置，成为新的租赁合同关系中的承租人。房某作为新的承租人应及时向原告交纳租金。由于房某未及时将租金给付原告，对此产生的纠纷应负全部责任。某旅店要求房某给付租金、违约金、终止合同和归还租赁物的诉讼请求合法。

合同承受必须具备以下要件才能生效，因此在签订合同的过程中必须予以注意：①须有有效的合同存在。②承受合同须为双务合同。只有双务合同中才有权利义务并存的情况，才能发生债权债务的概括转移。单务合同只能发生特定承受，即债权让与或债务承担，不能产生概括承受。③须原合同当事人与第三人达成合同承受的合意，或者以实际行动表明合意的达成。④须经原合同相对人的同意。因为合同承受不仅包括合同权利的转移，还包括合同义务的转让，必须取得对方当事人的同意，否则可能会给对方当事人的利益带来损害。因此，在合同对方第三人不同意时，合同承受不发生效力。合同承受会发生一定的法律效力。合同承受的效力主要在于承受人取得原合同当事人的权利和义务，同时取得原合同当事人合同关系。其后,如果合同承受人不履行合同义务,权利人也不得再诉请原当事人承担责任。

第四章 合同权利义务的终止条款

1.合同约定解除

案例:

　　2006 年 2 月 20 日,何某与陈某签订《股份转让合同》,约定:陈某将其持有公司 8% 的股份共 53.44 万元出资额转让给何某;陈某承诺在何某完成签订融资或投资合作协议之日起二十个工作日内完成办理在工商行政管理机关的股东变更登记手续;何某承诺在二年内如离开公司或其他原因需要转让股份必须按人民币零元的价格将所持公司 8% 的股份转让给陈某,除此之外何某所持股份在二年内不得转让;何某责任为负责公司的项目推介,寻找融资或投资商,并协助签订相关的协议,以及负责制定符合公司的融资方案, 按照融资或投资商的要求提供和整理相关资料;发生下列情况之一时可变更或解除合同……由于一方或二方违约, 严重影响了守约方的经济效益, 使合同履行成为不必要……同日,公司召开股东会,股东通过决议,进行了相应的股东变更。2006 年 3 月 27 日,办理了股东变更登记。陈某于 2006 年 7 月 25 日向原审法院提起诉讼，以何某未履行合同义务为由要求判决解除陈某与何某签订的《股份转让合同》。何某向原审法院提交了 2005 年 12 月 8 日何某代表公司与某广告有限公司签订《投资合作意向书》，其中注明"本意向书由双方平等协商达成，为签订合作协议的基础，不具备法律责任"。何某还提供了《广告策略讨论》（2005 年 12 月）的资料。何某认为上述证据表明何某已经履行了合同义务。

专家解析：

《合同法》第九十三条：当事人协商一致，可以解除合同。

当事人可以约定一方解除合同的条件。解除合同的条件成就时，解除权人可以解除合同

专家支招：

根据"合同信守"的基本要求，合同系双方真实合法的意思表示，自成立之时即赋予了该民事合同产生行为人所预期的法律后果的效力，意在实现民事活动领域的意思自治。但意思自治也不是任意的无边界的自由，它受到法律和社会公共利益的双重约束，合同的缔约人必须对自己基于自由表达的真实意思而实施的民事行为负责：对已经成立的合同，行为人非依法律规定或者取得对方同意，不得擅自变更或者解除。因此，在订立合同时，有必要事先约定合同解除条款。

何某与陈某于 2006 年 2 月 20 日签订的《股份转让合同》是双方当事人自愿签订，其内容无违反国家法律行政法规的强制性规定，双方当事人股权转让合同关系成立。根据合同的约定，何某的合同义务则是负责公司的项目推介，寻找融资或投资商，并协助签订相关的协议，以及负责制定符合公司的融资方案，按照融资或投资商的要求提供和整理相关资料。据此可认定双方签订的股份转让合同的目的是陈某通过转让其在公司的部分股权给何某，使何某能完成公司的融资业务。股份转

让合同中对于何某应履行合同义务虽没有约定具体的标准，但从陈某承诺"在何某完成签订融资或投资合作协议之日起二十个工作日内完成办理在工商行政管理机关的股东变更登记手续"的约定以及双方签订合同的目的看，可以认定何某必须完成公司融资协议或投资合作协议的签订后才算履行完其合同义务。

何某主张其已经履行了合同义务，其依据是其提交的《投资合作意向书》、《广告策略讨论》。《投资合作意向书》不是具有法律效力的融资或投资协议。而《广告策略讨论》看不出与股份转让合同中要求完成公司融资或投资义务之间的关系，不足以证实其已经完成股份转让合同中所要求与他人签订融资协议或投资合作协议的合同义务。现陈某以何某未履行合同义务致使合同目的不能实现而要求解除合同与合同所约定解除合同的条件符合。至于陈某已经为何某办理了股东变更登记手续，只能视为是陈某变更了办理股东变更登记手续的条件，提前为何某办理了股东变更登记手续，而不能视为何某已经履行了股份转让合同所约定的义务。

约定解除包括两种情况：协议解除和约定解除权。所谓协议解除，是指合同成立后，未履行或未完全履行前，当事人双方通过协商而解除合同，使合同效力消灭的行为。由于协议解除是在合同成立后而非合同订立时约定解除，因而又称为事后协商解除。约定解除权，是指当事人双方在合同中约定，在合同成立以后，未履行或者未完全履行之前，由当事人一方在出现某种情况后通过行使解除权，使合同关系消灭。解除权既可以由一方享有，也可以双方都享有；既可以在订立合同时约定，也可以在订立合同后另行约定。值得注意的是，约定解除权与解除权的行使是两码事，不能混为一谈。在本件纠纷中，即为约定解除权的情形，通过约定解除权促使相对方履行义务，向对方施加压力。同时，在相对方违约时，能更及时地减少损失，行使合同解除权以减少损失。

2.合同中的结算、清理条款

❋　　❋　　❋

案例：

原告徐某承租了被告某房产公司所有的一居室楼房一套，双方签订房屋租赁承租合同，约定租期自2003年10月8日至2004年10月7日，月租金为1600元。承租合同第三条第3款约定：甲方（徐某）应向乙方（某房产公司）支付1600元押金；合同期满后一个月内，乙方应在甲方结清承租期间使用的水、电、煤气、有线电视等费用后，将押金退还给甲方。附件5约定：如甲方中途解除合同，需提前一个月通知乙方，不视作违约，否则视作违约。根据承租合同，徐某将1600元押金交付给某房产公司。2003年12月5日，徐某向某房产公司申请退租。2004年1月7日，双方清点了租赁房屋内的物品，填写了物品交割单，记载着：水表起始数1479，终止数1483；燃气表起始数1440，终止数1456，除卫生间有两块壁砖脱落，屋内其他物品无损坏。同日，徐某与某房产公司还签订了终止协议一份，约定：自该协议签字之日起，双方再无任何房屋租赁关系及经济关系。后徐某要求某房产公司返还押金，某房产公司拒绝，称双方签订的解除协议上明确约定：自签字之日起，双方再无任何房屋租赁关系及经济关系。徐某在签字之后要求返还押金，违反了双方的这一约定，故不同意。徐某能够要回押金么？

专家解析：

《合同法》九十八条：

合同的权利义务终止，不影响合同中结算和清理条款的效力。

专家支招：

合同终止后，便失去了法律上的效力。除法律另有规定外，原债权人不得主张合同债权，债务人也不再负合同义务，债权债务关系归于消灭。同时，合同关系的终止，使合同的担保及其他从权利义务关系也归于消灭。如抵押权、违约金债权、利息债权等和主债权一样也归于消灭。合同终止后，还应清理一切有关合同关系的手续，如负债字据的返还与注销。合同权利义务终止后，债权人应将负债字据返还于债务人。债权人如能证明字据灭失，不能返还，应向债务人出具债务消灭的字据。合同中的结算和清理条款具有独立性，即合同权利义务的终止，不影响合同中结算和清算条款的效力。所谓结算条款，就是当事人把某个时期的各项经济收支往来核算清楚的约定；清算在此意指金钱债务的了解。

本案争议焦点是：对终止协议中"双方再无任何房屋租赁关系及经济关系"这一条款，应当如何理解？某房产公司有无退还押金的义务？房屋租赁合同中的押金，是承租人抵押给出租人的一笔财产，用以保证自己履行租赁合同中的义务。承租人履行了租赁合同中的义务后，出租人应当将押金返还给承租人。房屋租赁合同终止后，在徐某既没有损坏租赁房屋或者租赁房屋中的物品，也没有应交而未交的费用，更没有表示放弃押金权利的前提下，对徐某抵押给被上诉人某房产公司的1600元，某房产公司没有返还。该公司不返还押金的唯一理由，就在于终止协议中有"双方再无任何房屋租赁关系及经济关系"这一条款。按照通常理解，押金法律关系是一种经济关系；双方既然再无任何经济关系，当然包括再无押金法律关系。

本案所涉的房屋租赁承租合同和终止协议，双方当事人除对终止协议中"双方再无任何房屋租赁关系及经济关系"这一条款的理解存在歧义外，对其他条款的理解一致，这两份合同的其他条款合法有效。

《合同法》第六十条第一款规定："当事人应当按照约定全面履行自己的义务。"徐某与某房产公司签订的房屋租赁合同及终止协议，是双方当事人的真实意思表示，不违反法律规定，合法有效，双方当事人均应按上述协议履行。在终止协议上，双方已明确约定：自签字之日起，双方再无任何房屋租赁关系及经济关系，该清理结算条款有效。根据《合同法》九十八条徐某在签署该协议后，又请求某房产公司退还其房屋押金，没有事实根据和法律依据。

3.争议解决条款

案例：

2012 年 6 月，庞某某与何某某约定，将庞某某所经营公司的资金100 万元，借给何某某用于资金周转，月息一年，借期一年，争议解决方式为借款人何某某所在地法院。2013 年 11 月，庞某某向杭州市某区人民法院起诉何某某，要求返还借款 100 万元以及利息。在该案中，庞某某提交了何某某的户籍信息，该信息表明何某某户籍所在地为杭州市某区。但何某某提起了管辖异议，认为自 2009 年起，一直居住在金华市某区，故原审法院对该案无管辖权，案件应移送至金华市某区人民法院管辖。何某某提交了其 2010 年 5 月到 2011 年 5 月的临时居住证，该证记载的居住地点为金华市某区，同时提交的街道出具的证明。同时，何某某认为借款合同名义上是与庞某某签订的，但实质是庞某某所经营的公司借出，而该公司不具有企业贷款人的条件，所以，该合同无效。虽然合同无效，但是借款合同中已经约定了争议解决条款不受影响，请求杭州市某区法院将案卷移送至金华市某区法院。

专家解析：

《合同法》第五十七条：合同无效、被撤销或者终止的，不影响合同中独立存在的有关解决争议方法的条款的效力。

《民事诉讼法》第二十一条第一款：对公民提起的民事诉讼，由被告住所地人民法院管辖；被告住所地与经常居住地不一致的，由经常居住地人民法院管辖。

《关于适用〈中华人民共和国民事诉讼法〉若干问题的意见》第五条：公民的经常居住地是指公民离开住所地至起诉时已连续居住一年以上的地方。但公民住院就医的地方除外。

专家支招：

一般而言，合同争议的解决方法有协商、调解、仲裁、诉讼等，合同当事人可以选择相应的解决方式作为合同的条款，这就分别形成了合同中的以协商或者调解方式解决争议的条款、仲裁条款和选择受诉法院的条款等。合同无效、被撤销或者终止的，不影响合同中独立存在的有关解决争议方法的条款的效力。这里所说的"独立存在"是指解决争议条款作为合同条款的组成部分，其不仅不会因为合同发生争议、变更、解除、终止或者无效而失去效力，反而因此得以实施。需要注意的是，在实践中，也应该承认合同中约定的选择检验、鉴定机构条款的独立性，与解决争议的条款相联系起来。

联系到上述案例，主要涉及两个问题：一是合同无效，是否会影响争议解决条款的效力；二是经常居住地和住所地不一致时，由哪个法院管辖。第一个问题，如上所述，合同中争议解决条款具有独立性，不受合同效力的影响，反倒是在合同无效、被撤销或者终止时，更加突出争议解决条款的重要性。因此，签订合同时，必须重视争议解决条款的设置。第二个问题，根据《民事诉讼法》第二十一条第一款的规定，被告住所地与经常居住地不一致的，经常居住地的人民法院有管辖权。签订合同时，不能忽视合同主体的住所地或经常居住地信息，尽可能将争议的管辖法院约定为己方住所地或经常居住地。

第五章 违约责任条款

1.违约责任

案例：

2008年10月19日，某房地产公司与冯某签订了一份商铺买卖合同，商铺面积22.50平方米，总价款368184元，10月22日前交付，交付后三个月内双方共同办理商铺权属过户手续。2008年10月26日，上述合同在市房地产市场管理处登记。合同签订后，冯某按约支付了全部价款。2008年11月3日，某房地产公司将商铺交付冯某使用，但一直未办理产权过户手续。

2008年，原告某房地产公司将时代广场内的自有建筑面积租赁给嘉和公司经营。2009年6月18日，在时代广场租房的嘉和公司因经营不善，遭到哄抢后倒闭，各小业主经营的商铺也随之关门停业。当年12月，购物中心又在时代广场开业。由于经营成本过高，各小业主不服从物业管理，不交纳物业管理费，购物中心也于2012年1月停业。时代广场的两度停业,引起大部分业主不满,纷纷要求退掉购买的商铺,还与原嘉和公司的债权人一起到处集体上访。为维护社会稳定,政府出面协调,要求某房地产公司回收已售出的商铺。其间,某房地产公司的股权经历二次调整。新的股东决定将原经营衣帽箱包等项目,改变为经营高档消闲娱乐等综合性项目;将原来的市场铺位式经营,改变为统一经营。为此,某房地产公司开始回收已售出的商铺,对时代广场重新布局。目前时代广场中一百五十余家商铺,回收后只剩下冯某和另一户邵姓业主,时代广场开始按重新布局施工,原小业主经营的精品商铺区不复存在,今后也不可能恢复。由于这两家业主不退商铺,时代广场不能全面竣工。某房地产公司要求解除合同,但是冯某认为双方的商铺买卖合同有效,某房地产公司应当继续履行。

专家解析:

《合同法》

第一百零七条:当事人一方不履行合同义务或者履行合同义务不符合约定的,应当承担继续履行、采取补救措施或者赔偿损失等违约责任。

第一百一十条:当事人一方不履行非金钱债务或者履行非金钱债务不符合约定的,对方可以要求履行,但有下列情形之一的除外:

(一)法律上或者事实上不能履行;

(二)债务的标的不适于强制履行或者履行费用过高;

(三)债权人在合理期限内未要求履行。

专家支招:

违约责任,又称为违反合同的民事责任,是指合同当事人不履行合同义务或者履行合同义务不符合约定时所承担的民事责任。违约责任制度的目的,在于债务人不履行合同债务时,使该债务在性质上转化为一种强制履行的责任,从而使合同所设立的债权得以实现。对于违约责任,需注意以下问题:①违约责任以违反合同义务为前提。②违约责任的确定,具有相对的任意性。除法律强制规定外,当事人可以在法律规定的范围内,通过合同加以确定,因此在签订合同的过程中需要斟酌合同履行过程中可能出现的违约情况,并为此设定条款,以减少损失。③违约责任具有补偿性。值得注意的是,补偿性并不意味着违约责任就不能具有一定的惩罚性,在某些情形下,《合同法》也承认惩罚性的违约责任形式。④违约责任具有相对性。即违约责任只能在特定的当事人之间即合同关系的债权人和债务人之间发生,合同关系以外的第三人不负违约责任,合同当事人也不对第三人承担违约责任。

在本件纠纷中,焦点在于:商铺买卖合同应当继续履行还是应当解除? 如果解除,应当在什么条件下解除? 冯某与某房地产公司签订的商铺买卖合同合法有效。根据《合同法》第一百零七条规定,当违约情况发生时,继续履行是令违约方承担责任的首选方式。法律之所以这样规定,是由于继续履行比采取补救措施、赔偿损失或者支付违约金,更有利于实现合同目的。但是,当继续履行也不能实现合同目的时,就不应再将其作为判令违约方承担责任的方式。本件纠纷的情形符合《合同法》第一百一十条规定的第二项:"(二)债务的标的不适于强制履行或者履行费用过高;"因此第(二)项规定的"履行费用过高",可以根据履约成本是否超过各方所获利益来进行判断。当违约方继续履约所需的财力、物力超过合同双方基于合同履行所能获得的利益时,应该允许违约方解除合同,用赔偿损失来代替继续履行。在本案中,如果让某房地产公司继续履行合同,则某房地产公司必须以其6万余平方米的建筑面积来为冯某的22.50平方米商铺提供服务,支付的履行费用过高;而在6万余平方米已失去经商环境和氛围的建筑中经营22.50平方米的商铺,事实上也达不到冯某要求继续履行合同的目的。考虑到冯某在商铺买卖合同的履行过程中没有任何违约行为,某房地产公司应向冯某返还商铺价款、赔偿商铺增值款,并向冯某给付违约金及赔偿其他经济损失。

本件纠纷所涉及的非金钱债务是指除了金钱作为标的的债务之外的债务,这类债务的标的包括金钱以外的物、行为和智力成果。当事人一方不履行非金钱债务或者履行非金钱债务不符合约定的,对方可以要求继续履行。违约方不得以违约金等责任形式拒绝实际履行。法律规定的对继续履行请求权的限制。在如下三种情形时,不得请求继续履行,因此在合同履行过程中恰当运用,解开合同枷锁,避免更大的经济损失:①法律上或者事实上不能履行。比如货运合同场合,承运人对运输过程中货物的损毁、灭失承担损害赔偿责任,而不负继续履行责任。因不可归责于当事人双方的原因致使合同履行实在困难,如果继续履行则显失公平。比如适用情势变更原则时。②债务的标的不适于继续履行或者履行费用过高。比如具有人身专属性的委托合同、技术开发合同、演出合同、出版合同等。履行费用过高是指对标的物若要强制履行,代价太大。③债权人在合理期限内未要求履行。如果当事人在订立合同时明确规定,一方违约另一方只能要求其承担违约金和损害赔偿责任,而不得要求强制履行(此种约定不违背法律和社会公共道德),则应当认定其有效。根据这一约定,债权人已实际上不再享有要求实际履行的权利。

虽然《合同法?并没规定继续履行责任可以与违约金并用,但依合同法对违约金性质的界定,应当认为两者可以并用。继续履行与合同解除是不能并用,因为合同解除后,双方的合同义务即不存在,而转化成其他义务,自然无继续履行存在之余地。

2.违约金条款

案例：

张某是从事房地产中介信息服务的个体经营者。凌某因购房需要，要求张某提供有关房产信息。张某带领凌某看了两处房地产之后，双方于2010年10月7日签订《看房地产确认书》。确认书约定"本确认书自签字之后6个月内，凌某不得与张某所介绍之房地产的出卖人成交或告知他人成交。如有违反，凌某则必须支付人民币3万元给张某作为违约补偿"。同年同月10日，张某再次引领凌某实地看房，向凌某报告订立合同的机会。凌某决定购买该房，于是自行与房屋出卖人莫某成交，且于2010年5月18日签订《房地产买卖契约》，以60万元价格将房屋收购。2010年6月18日莫某与凌某办理房屋产权变更登记，变更后的房屋所有人为凌某。张某认为凌某与张某直接交易的行为违反了《看房地产确认书》的约定，应依约赔偿3万元人民币，起诉至法院。

专家解析：

《合同法》第一百一十四条：当事人可以约定一方违约时应当根据违约情况向对方支付一定数额的违约金，也可以约定因违约产生的损失赔偿额的计算方法。

约定的违约金低于造成的损失的，当事人可以请求人民法院或者仲裁机构予以增加；约定的违约金过分高于造成的损失的，当事人可以请求人民法院或者仲裁机构予以适当减少。

当事人就迟延履行约定违约金的，违约方支付违约金后，还应当履行债务。

专家支招：

违约金是合同当事人事先约定的，在一方不履行合同或履行合同不符合约定条件时，应给付另一方当事人一定数额的金钱。违约金仅是违约责任的一种形式。违约金的基本性质是预定的赔偿金，它是当事人在违约事实发生以前确定的。只有当事人约定的违约金不足以弥补被违约人的损失时，或当事人没有约定违约金的，才适用赔偿金。值得注意的是，在司法实践中，有许多当事人在没有法律规定或合同约定的情况下，向违约方主张违约金，有些地方的法院甚至支持了这种诉讼请求，这是不正确的。上述情况下，当事人只能主张违约损害赔偿。违约金作为违约责任的形式，是具有惩罚性，还是具有补偿性？学者观点不一。我国立法和司法实践承认违约金具有补偿性和惩罚性的双重性质。以补偿性违约金为主，以惩罚性为辅的原则，既维护了被违约人的利益，同时也兼顾了违约人的利益，使违约人不致遭受过分的损失，体现合同法的公平正义精神。

张某和凌某之间签订的《看房地产确认书》，是张某根据凌某的要求，向其提供所需房地产信息，促成凌某与第三人莫某订立房地产买卖合同，从而收取居间报酬的协议。该《看房地产确认书》虽然没有居间报酬的约定，但双方关于违约责任的约定的意思表示是真实、明确的，被上诉人应当遵守。被上诉人在接受上诉人提供的看房媒介服务后，违反约定，自行与第三人进行交易，依法应承担相应的违约责任。凌某明知违约应承担的法律后果，故意避开张某直接与第三人莫某进行房地产交易，主观恶意明显，仅依照当地行业交易习惯的收费标准确定被上诉人应承担的法律责任和赔偿上诉人的经济损失，不足以维护《民法》公平、诚实信用原则和体现对被上诉人恶意违约行为的惩罚,将对房地产交易居间行业保护产生不利影响。按照双方合同约定的违约条款,凌某应承担相应的违约责任。

关于违约损害,还应注意以下几点:

赔偿损失的构成。主要是指一方当事人违反合同给另一方当事人造成财产等损失的赔偿。承担赔偿损失责任的构成要件有四:①违约行为。②损失后果,即违约行为给另一方当事人造成了财产等损失。③违约行为与财产等损失之间有因果关系。④违约人有过错,或者虽无过错,但法律规定应当赔偿。

赔偿损失的范围。赔偿损失的范围可由法律直接规定,或由双方约定。在法律没有特别规定和当事人没有另行约定的情况下,应按完全赔偿原则,赔偿全部损失,包括直接损失和间接损失。直接损失指财产上的直接减少。间接损失又称所失利益,是指失去的可以预期取得的利益。可以获得的预期的利益,简称可得利益。可得利益指利润,而不是营业额。因违约行为的发生,使此利益丧失,若无违约行为,这种利益按通常情形是必得的。可得利益的求偿不能任意扩大。法律采取预见性限制赔偿范围的随意扩大。预见性有三个要件:一是预见的主体为违约人,而不是非违约人。二是预见的时间为订立合同之时,而不是违约之时。三是预见的内容为立约时应当预见的违约的损失,预见不到的损失,不在赔偿范围之列。

赔偿损失的方式。赔偿损失的方式有三:一是恢复原状,恢复到损害发生前的原状。二是金钱赔偿。三是代物赔偿,即以其他财产替代赔偿。

赔偿损失的计算。金钱赔偿、折抵赔偿都涉及损失赔偿额的算定。损失赔偿额的计算,关键是确定标的物价格的计算标准,计算标准涉及标的物种类和计算的时间及地点。

3.定金条款

✦ ✦ ✦

案例：

　　刘某与王某系夫妻关系,生刘某女。涉案房屋系以王某的名字办理的房产证和土地使用证。2011 年 4 月 4 日,徐某与刘某女协商,他愿意以 75 万元的价格将上述房屋买入,但双方仅仅就房屋的位置、价款达成了初步一致意见,对建筑面积、价款的支付期限、交房期限、产权转移登记手续的办理等事项并未形成合意,也未签订书面合同。

　　因该房屋在银行抵押有借款,刘某女要求徐某先付 30 万元定金用以偿还银行借款,以便取回房产证和土地使用证。徐某按要求交付给刘某女 30 万元定金,刘某女给徐某出具了一份收条,刘某也在收条上签了名字。收条内容是"收到徐某购房订定金叁拾万元整(30 万)(总房款柒拾伍万元整)收款人:刘某、刘某女。2011.4.4"。此后,当徐某要求与刘某、刘某女签订合同、交付房屋时,因王某知道此事后明确表示坚决不同意且刘某女反悔也不同意出卖该房屋等原因而发生纠纷。2011 年 5 月 9 日,徐某诉至法院,要求刘某女、刘某、双倍返还定金。

专家解析：

　　《担保法》第九十条:定金应当以书面形式约定。当事人在定金合同中应当约定交付定金的期限。定金合同从实际交付定金之日起生效。

　　《最高人民法院关于适用〈中华人民共和国担保法〉若干问题的解释》：

第一百二十二条：因不可抗力、意外事件致使主合同不能履行的，不适用定金罚则。因合同关系以外第三人的过错，致使主合同不能履行的，适用定金罚则。受定金处罚的一方当事人，可以依法向第三人追偿。

《合同法》第九十条：定金应当以书面形式约定。当事人在定金合同中应当约定交付定金的期限。定金合同从实际交付定金之日起生效。

第一百一十四条：当事人可以约定一方违约时应当根据违约情况向对方支付一定数额的违约金，也可以约定因违约产生的损失赔偿额的计算方法。

约定的违约金低于造成的损失的，当事人可以请求人民法院或者仲裁机构予以增加；约定的违约金过分高于造成的损失的，当事人可以请求人民法院或者仲裁机构予以适当减少。

当事人就迟延履行约定违约金的，违约方支付违约金后，还应当履行债务。

第一百一十五条：当事人可以依照《中华人民共和国担保法》约定一方向对方给付定金作为债权的担保。债务人履行债务后，定金应当抵作价款或者收回。给付定金的一方不履行约定的债务的，无权要求返还定金；收受定金的一方不履行约定的债务的，应当双倍返还定金。

第一百一十六条：当事人既约定违约金，又约定定金的，一方违约时，对方可以选择适用违约金或者定金条款。

专家支招：

定金，是指合同的当事人为了确保合同的履行，依据法律的规定或者双方当事人的约定，在合同订立时或者合同订立后、履行之前，由一方当事人按照合同标的额的一定比例，预先给付对方当事人的金钱或者其他替代物。其中提供定金作为合同履行的担保的人，为定金给付人;接受定金的相对人,称之为定金接受人;以定金担保合同债权受偿的方式,为定金担保。

把握定金应当注意以下几个方面:①定金担保为金钱担保。定金担保的标的物以金钱为限。②定金担保为合同债务的履行担保。双务合同的当事人互负对待给付义务,任何一方均可为担保自己债务履行向对方给付定金;单务合同的债务人也可向债权人给付定金。合同债务以外的债务履行,不适用定金担保。③定金担保的设定人限于被担保的主合同当事人。债务人以外的第三人为担保合同债务的履行,而向定金担保的主合同债权人给付定金的,不发生定金担保的效力。④定金对主合同当事人双方互为担保。定金担保是由主合同债务人提供的担保,但定金担保成立后,其担保效力不限于担保定金给付人履行债务,而且包括担保定金接受人履行对待给付义务,一旦定金接受人不能履行对待给付义务,应当向定金给付人双倍返还定金。在此意义上,定金的设定客观上对债务人也起到了担保效果。

关于本件纠纷,应从下列三个方面层层分析。

首先,本案是买卖合同纠纷还是定金合同纠纷。结合徐某的诉讼请求,徐某的主张是要求刘某女、刘某双倍返还定金,同时提供了刘某女、刘某出具的定金收条,因而,本案应定性为定金合同纠纷。

其次,双方的房屋买卖合同是否订立及效力问题。双方的房屋买卖合同尚未订立。双方之间没有签订书面房屋买卖合同,仅仅就房屋的位置、价款达成了初步一致意见,但对建筑面积、价款的支付期限、交房期限、产权转移登记手续的办理等事项并未形成合意,也未签订书面合同,因此,双方的房屋买卖关系不具备房屋买卖合同订立所需具备的形式要件和实质要件。所以,双方的房屋买卖合同未订立。

最后,双方的定金合同是否成立生效以及性质问题。根据《担保法》

第九十条的规定,定金应当以书面形式约定,当事人在定金合同中应当约定交付定金的期限,定金合同从实际交付定金之日起生效。本案中,双方当事人已就定金形成了合意,并且已经实际交付,有刘某女、刘某给徐某出具的收条这一书面形式予以证实。因此,双方的定金合同应当成立并生效。双方的定金性质问题。本案双方所约定的定金合同为立约定金。立约定金是独立于主合同且先于主合同成立,主要作用是用于担保主合同的订立。因房屋买卖首先应以签订书面买卖合同为前提要件,本案中双方当事人在未签订房屋买卖合同前即履行了定金合同,从定金合同成立、生效及履行的时间分析,双方的定金合同并非房屋买卖合同的从合同,而应为担保房屋买卖合同的签订而成立并履行的立约定金合同。最高人民法院《关于适用〈中华人民共和国担保法〉若干问题的解释》第一百一十五条规定:"当事人约定以交付定金作为订立主合同担保的,给付定金的一方拒绝订立主合同的,无权要求返还定金;收受定金的一方拒绝订立合同的,应当双倍返还定金。"该司法解释明确了当事人可依意思自治设立立约定金,担保当事人未来的正式缔约行为。如果当事人违背诚实信用,拒绝订立正式合同,则适用定金罚则。

此外,违约金和定金的适用问题,应予注意。定金具有双重属性,既是一种担保形式,又可作为一种违约责任形式。根据定金罚则,给付定金一方不履行债务的,无权要求返还定金;接受定金一方不履行债务的,应当双倍返还定金。这在很大程度上会促使当事人信守承诺,认真履行合同,定金因此起到了较好的担保效果。同时,违约方丧失定金或双倍返还定金无疑是其违约后所承担的法律后果,因此,定金可以说是一种变相的违约金形式。《合同法》规定:当事人既约定违约金,又约定定金的,一方违约时,对方只能选择适用违约金条款或定金条款,理由即在于此。

第六章 签订合同的一般规则小结

1.合同双方的主体资格要合格

如果是自然人看是否具有签订具体合同的民事行为能力，一般来说是否年满十八周岁，精神状态是否正常。在签订合同时，应要求对方提供身份证号码和地址，避免重名现象。

如果是企业法人，首先审查身份，审查对方的经营主体资格是否合法，是否真实存在；其次审查履约能力，审查对方现有的、实际的、真正的经营状况，是否有工商登记、营业执照，该合同处于对方营业执照的经营范围之内；是否通过年检；是否有相关资质以及有相应的生产能力、履约能力；签约前要对对方进行信用调查和信用分析，通过信函电话传真，派人上门了解情况等方式，去了解对方的情况。应予注意的是企业法人营业执照应通过年检，该复印件须加盖公章，并且提供经过审计的财务报表以及履行合同需要的资质证件，比如供应商的生产厂家授权书和售后服务承诺书。

代理人要有代理权，在与企业的分支机构或职能部门签合同时，必须得到企业法人的书面授权委托书，可以在其营业执照的经营范围之内与其签订合同。

子公司必须有营业执照,其为独立的企业法人。而分公司有的有营业执照,有的没有营业执照;如果分公司有营业执照则无需授权书,没有则需要总公司的授权书。职能部门有授权书才能签合同,甲方名称上写上职能部门的名称。

关于主体条款应介绍当事人的名称和地址:

它的作用主要有以下三点:①明确文书的送达地址,通讯地址变更应及时通知合同的当事人;②考虑将来的诉讼地点,是去原告所在地法院打官司,还是去被告所在地法院进行诉讼;③明确诉讼法院的级别,是高院中院还是基层法院。自然人的住址是指户籍所在地或长期居住地,自然人为外国人的要写上国籍;法人住所是指主要办事机构所在地。

2.查对方的信用状况,做好资信调查

合同相对人的资信调查的内容主要有以下三个方面:

首先,被调查企业的基本信息。其内容包括但不限于:①注册时间与注册地点。注册时间较早的企业,说明公司经营能较好地应对市场风险,相对成熟。注册地点比较特殊的企业,可能有诸如避税、审批等用意,如在巴哈马、百慕大等地注册的公司管制较少、税收有优惠,应慎重对待。②公司名称、股权结构、注册资本、联系方式等。企业的注册资本可以在一定程度上表明该企业的实力。联系方式很重要,以便于贵公司以及贵公司委托的调查机构与被调查公司直接对话,深入了解其情况。③企业性质:有限公司、股份公司,还是合伙企业、个人企业,是否具备法人条件,是否能独立承担民事责任。④如果从事的是特定行业,是否

具有与主营业务相配套的资质(从业资质等级证书、特种行业经营许可证);是否有固定的与业务相适应的专业技术人员和管理人员;是否具备规范的企业管理体系和质量保证体系、技术装备能力等。

其次,被调查企业的经营状况。其内容包括但不限于经营业绩、财务状况、往来银行等。①关于财务状况,可以要求被调查企业提供其近两年的财务报告,近一月的财务报表等会计账簿信息。②可以要求被调查企业提供往来银行的情况。特别是在委托银行做资信调查的情况,可以通过该银行与对方银行之间的对话联系,了解对方资力和借贷信誉等属于银行内部保密的情况;相比通过国际咨询公司去查询被调查企业的资力和借贷信誉等情况,这类咨询公司一方面收费较高,另一方面信息可能会有错漏,直接影响查询成本和查询质量。如果可能,可以要求对方提供由其开户银行开具的资信证明文件等。

最后,公司的管理状况。其内容包括但不限于人力资源、行业声誉、以往信用情况等。对方的商业信誉是否良好,诸如产品质量是否存有纠纷、履约能力情况;以及上下游产品链调查,主要市场竞争对手的调查和履行情况等。此外,还可以要求对方与自己接触的意向,该意向说明可以让资信调查机构在调查中做有针对性的调查。考察时要注意甄别信息,避免受虚假信息干扰。对于海外合作伙伴的资信调查,范围建议放宽,对该企业的基本信息、财务会计管理制度、人事管理制度和当地公司法规等各个方面了解得越全面,掌握的信息才能更真实,以防范风险。

对合同相对方的做资信调查,其基本方法有:①查验对方的营业执照打听对方的信誉情况;②通过银行和行业协会查询对方的信誉状况;③申请加入中国企业资信网等资信调查网站,或将资信调查业务委托给专业的资信调查机构去做。

3.不可忽视的合同上的签字

首先,合同的成立可以以签字为准或盖章为准;但签字的效力优先于盖章的效力。合同确认的,特别是自然人之间的合同期确认的最好方式就是签字或者签字加盖章。必要时,为慎重起见,须按指纹;如金额较大的借款合同等。

其次,签字的主体有:自然人、法定代表人、委托代理人(需要有授权委托书)、非法人组织负责人、合伙企业的合伙人。

第三,合同大于两页的要加盖骑缝章。

第四,如果对方的签字人是法人代表要求对方出具法人个人的身份证明、营业执照副本或者工商局出具的法人资格证书;如果对方的签字人是业务员,则需要提供法人代表的授权委托证书和业务人员本人的身份证复印件。如果是企业法人,须加盖公章或合同专用章;法定代表人单独亲笔签字或不盖章,合同也生效,委托代理人要授权委托书的不盖公章只签字也生效。建议的做法是盖章并经法定代表人或法定代表人授权的人签字后生效。

另外,合同的签约地最好是己方所在地,这样有利于将来纠纷的处理,己方所在地的人民法院将有管辖权。

下篇

常见合同的签订

第七章 买卖合同签订过程中应注意的条款

1.买卖合同概要

买卖合同是出卖人转移标的物的所有权于买受人，买受人支付价款的合同。有偿转移标的物所有权是买卖合同最基本的法律特征。买卖合同是双务有偿的有名合同，一般为诺成合同、非要式合同。

买卖合同中的当事人是出卖人和买受人。出卖人、买受人的权利义务是相对应的，所以说买卖合同是双务合同。

（一）出卖人的义务和责任

1.交付标的物。

出卖人应当按照合同约定的期限交付标的物。标的物在合同订立之前已为买受人占有的，合同生效时间为交付时间。

出卖人应当按照合同约定的地点交付标的物。如依有关规定不能确定交付地点的，应分别适用下列规定：（1）标的物需要运输的，出卖人将标的物交付第一承运人以运交买受人；（2）标的物不需要运输的，如订立合同时双方知道标的物所在地点的，该地点为交付地；如不知道的，则出卖人订立合同时的营业地为交付地。

标的物的所有权自交付时起转移，法律另有规定的除外。标的物毁损、灭失的风险,在标的物交付之前由出卖人承担,交付之后由买受人承担。但因买受人违约未能交付标的物的除外。出卖人出卖交由承运人运输的在途标的物,除当事人另有约定的以外,毁损、灭失的风险自合同成立时起由买受人承担。

2.交付的标的物要符合质量要求。

如标的物质量不符合质量要求致使合同目的不能实现的,买受人可以拒绝接受标的物或解除合同。

3.保证第三人不得向买受人主张权利。

出卖人就交付的标的物负有权利保证义务,如保证标的物非他人所有或与他人共有,未设有抵押权、租赁权,未侵犯他人的知识产权等。

(二)买受人的义务和责任

1.支付价款。

买受人应按约定的数额、时间、地点支付价款。

2.检验和接受标的物。

买受人收到标的物时应当在约定的检验期内检验,并在检验期内将标的物不符情形通知出卖人。买受人怠于通知的,视为符合约定。没有约定检验期的,应当及时检验,并将不符合约定的情况在合理期间内通知出卖人。如在合理期间或自标的物收到后两年内未通知出卖人的,视为符合约定。但标的物有质量保证期的、出卖人知道或应当知道标的物不符合约定的除外。

2.所有权转移条款

案例一:

2012 年 3 月,张某与李某签订了三份订购合约书分别约定张某向李某订购原材料 A10 吨,金额 5 万;原材料 B500 千克,金额 8 万;原材料 C2 吨,金额 12 万。合同附则均约定"本交易为附条件买卖,在货款未付清前标的物之所有权,仍归属于卖方所有,买受人无异议同意本公司无须经法律程序,随时可取回货品,或代物清偿","遇有争执买方同意卖方指定之第一审法院为合意管辖法院"。合同签订后,张某支付了订金,李某履行了交货义务,原材料运至张某处。后张某因资金周转困难,无力支付剩余买卖款 5 万。李某认为,张某未能完全支付合同总价款 25 万元,故所有权尚未转移,张某应返还所订购的原材料。

案例二:

2013 年 3 月 23 日、5 月 28 日、6 月 15 日,中国某公司向加拿大某公司发出 3 份报价单,其中 3 月 23 日的报价单涉及《机器设备一览表》第 1-8 项的机器型号,5 月 28 日的报价单涉及《机器设备一览表》第 9 项的机器型号,6 月 15 日的报价单涉及《机器设备一览表》第 22-27 项的机器型号。3 份报价单的下端注明"本报价受印在报价单反面的'合同条件'的约束",报价单的反面印有"报价与订单接受的条件",其中"所有权与担保物权"条款明确:在中国某公司收到全部货款之前,设备所有权归中国某公司所有。按上述报价单,加拿大某公司于 2013 年 7 月 28 日、9 月 7 日向中国某公司发出订单 2 份。截至 2013 年 10 月,中国某公司先后将上述机器设备交付加拿大某公司,在中国某公司向加拿大某公司出具的发票上,中国某公司以黑体字标注"上述货物的所有权在付款收到之前由中国某公司所有"。因加拿大某公司濒临破产,无力支付机器价款,中国某公司要求取回机器设备。

专家解析:

《物权法》第九条:不动产物权的设立、变更、转让和消灭,经依法登记,发生效力;未经登记,不发生效力,但法律另有规定的除外。

依法属于国家所有的自然资源,所有权可以不登记。

第二十三条:动产物权的设立和转让,自交付时发生效力,但法律另有规定的除外。

第二十五条:动产物权设立和转让前,权利人已经依法占有该动产的,物权自法律行为生效时发生效力。

第二十六条:动产物权设立和转让前,第三人依法占有该动产的,负有交付义务的人可以通过转让请求第三人返还原物的权利代替交付。

第二十七条:动产物权转让时,双方又约定由出让人继续占有该动产的,物权自该约定生效时发生效力。

《合同法》第一百三十四条:当事人可以在买卖合同中约定买受人未履行支付价款或者其他义务的,标的物的所有权属于出卖人。

专家支招:

根据我国《物权法》的规定,物权的转移区分动产和不动产在第九条和第二十三条分别作出了规定:不动产物权由于价值大、为慎重起见,须经依法登记,方能发生物权移转的法律效力;而动产价值一般情况下相对较小,考虑到交易的便捷,故经交付,物权即发生转移。同时,为促进交易,《物权法》对于动产物权的移转专门规定了简易交付制度。买卖双方未就所有权移转未有专门规定前,特别是动产,一经交付,及发生所有权转移的效果。故在签订买卖合同时,出卖人出于对自己权利的保护,同时为了规避所有权过早转移到买受人处可能产生的风险,出卖人可以在合同中约定若买受人未履行支付价款或者其他义务,买卖标的物的所有权即使交付仍然属于出卖人。

在案例一纠纷中,张某与李某签订的三份订购合约书,是当事人的真实意思表示,且不违反法律法规的强制性规定,合法有效。根据《合同法》第一百三十四条规定,当事人可以在买卖合同中约定买受人未履行支付价款或者其他义务的,标的物的所有权属于出卖人。因此,三份订购合约书中"本交易为附条件买卖,在货款未付清前标的物之所有权,仍归属于卖方所有"条款合法有效。原材料设定所有权保留的,买方付清价款前,交易设备所有权属于卖方,未经同意买方不得擅自处分。在买方未处分原材料前提下,卖方有权直接向买方行使取回权。

在案例二纠纷中,双方当事人未专门签订买卖合同,但是双方当事人以报价单、定单、发票等形式约定了在加拿大某公司没有向中国某公司全额支付货款前,标的物所有权仍然属于中国某公司,加拿大某公司对该约定也予以了确认。故该所有权保留条款双方已经达成一致,系双方当事人的真实意思表示,内容不违反《合同法》的规定,也无需办理登记、批准手续,故双方当事人之间的买卖关系合法有效,应受法律保护。现加拿大某公司未能按约支付机器设备的价款,故机器设备虽然已交付,但是机器设备的所有权并未转移,仍属中国某公司所有。现因加拿大某公司濒临破产,无力支付货款,中国某公司有权依据约定,主张标的物的所有权,取回相应的机器设备。

《合同法》第一百三十四条实际上是一个提示性的规定,提示当事人可以约定标的物所有权保留条款。买卖合同中的所有权保留条款,是标的物所有权转移问题中的重要内容。各国法律都允许当事人通过约定这样的条款来明确标的物所有权转移的时间,而且在合同实务中,尤其是在国际贸易中,这种条款也是很多见的,避免在出卖人已交付标的物而买受人不履行其主要义务时,因所有权已转移可能给自己造成的损害。比如,约定所有权保留条款的作用在于:在出卖人被强制执行时,因标的物的所有权尚未转移给买受人,仍归出卖人所有,故出卖人的一般债权人可以请求将其作为强制执行的标的，买受人自不能提起异议之诉。在买受人被强制执行时，因标的物的所有权并未归其所有，故该标的物不能作为强制执行的标的。在买受人破产时，出卖人可以从买受人的清算组织处取回标的物，但出卖人应退回买受人所支付的价金，该价金应作为买受人的责任财产。在出卖人破产时，因买受人对标的物不享有所有权，其已经交付的价金只能列为一般债权清偿，在这种情况下，买受人可以请求违约损害赔偿，违约金或者损害赔偿金也只能列为一般债权清偿。在第三人侵害标的物时，出卖人可以基于其所有权请求救济，买受人可以基于其有权占有请求救济。

但是，提醒注意的是：在所有权保留买卖的情况下，如果出卖人再将标的物出卖与第三人的，如该标的物为动产，因该标的物为买受人所占有，并且该占有为有权占有，买受人可依此对抗出卖人和第三人的返还请求权。如果该标的物为不动产，因所有权尚未转移，所有权的名义登记人仍为出卖人，这时出卖人可以将该标的物的所有权转移给第三人，买受人只能向出卖人请求违约损害赔偿。

3.买卖合同中的交付条款

❁　　❁　　❁

案例：

2012年2月17日，灯具公司和李某签订购销合同，合同约定李某向灯具公司购买一系列各类灯具，合同约定交货方式为：灯具公司接到李某的要货计划尽快发货，所发每批货均须放置发货清单一份，运输方式为火车及汽车运输，运费由李某负担。李某在收到灯具公司的货物一周内如未对此货提出异议，即视为发货有效，由此而产生的纠纷由李某承担全部责任。如有异议可选择退货或调换。货款结算为,按合同计划为准,每月结算,年终核算,支付给灯具公司货款。签约后,灯具公司依合同约定按李某要货数向李某发货,共计发货额为 530379.60 元。2012年 11 月 15 日,李某针对灯具公司提供的明细账目,提出需扣除退货款,及货运日期为 3 月 8 日、5 月 11 日、8 月 24 日、9 月 13 日、19 日等理赔款、理赔计算误差,多算的款项等共计 119830.50 元。灯具公司提供的运输部门的证明、运单及双方对账单,能证明灯具公司在 2012 年又向李某供应了价值达 50 余万元的货物;故要求李某支付剩余货款 12 万余元。但是,最后 5 期货物因路上原因导致货损,该笔损失应在货款中扣除,故其不应支付剩余货款。

专家解析:

《合同法》第一百四十一条:出卖人应当按照约定的地点交付标的物。

当事人没有约定交付地点或者约定不明确,依照本法第六十一条的规定仍不能确定的,适用下列规定:

(一)标的物需要运输的,出卖人应当将标的物交付给第一承运人以运交给买受人;

(二)标的物不需要运输,出卖人和买受人订立合同时知道标的物在某一地点的,出卖人应当在该地点交付标的物;不知道标的物在某一地点的,应当在出卖人订立合同时的营业地交付标的物。

专家支招:

交付标的物是出卖人的基本义务,如果买卖合同中对标的物的交付地点有明确约定的,出卖人应当按照约定的地点交付标的物。当事人没有约定交付地点或者约定不明确,可以协议补充;不能达成补充协议的,按照合同有关条款或者交易习惯确定。需要注意的是,只有在当事人不能达成协议补充的情况下才应按照合同有关条款或者交易习惯来确定标的物的交付地点。

《合同法》第一百四十一条是关于标的物交付地点的规定。本条所要解决的问题主要是合同对交付地点没有约定或者约定不明确时法律应当确定怎样的规则。买卖合同对标的物的交付地点有约定的,出卖人就应当按照约定履行交付的义务。如果履行地点不明确,给付货币的,在接受货币一方所在地履行;交付不动产的,在不动产所在地履行;其他标的,在履行义务一方所在地履行。因此,出卖人承担将标的物交付给第一承运人之前的风险,交付之后的风险即由买受人承担。若发生保险范围内的损失,应由买受人向保险公司索赔。若由第三人或承运人责任造成损失,应由买受人向第三人或者承运人进行索赔。不论运输过程中是否还有其他承运人,只要出卖人将标的物交付给第一承运人后,标的物毁损、灭失的风险就由买受人承担。

在本案纠纷中,李某与灯具公司签订的 2012 年购销合同对交货方式约定为:供方(灯具公司)在接到需方(李某)要货计划及汇款后尽快发货……运输方式有火车运输、汽车运输。前二者运费由需方承担,需方在收到供方发货一周内如未对此货提出异议,即视为有效发货……从上述约定可看出,双方的交货方式应为灯具公司代办托运,即只要灯具公司将货物送交给运输公司即已完成供货义务。现灯具公司提供的送货单、托运单以及运输公司出具的函件等证据相互印证,可以证明运输公司已经如数收到了灯具公司托运给李某的货物,故灯具公司已经履行了约定的供货义务,故李某应支付相应的货款。李某认为其未收到灯具公司交付的全部标的物,因标的物的毁损、灭失的风险,在标的物交付之前由出卖人承担,交付后由买受人承担。现灯具公司已按合同约定将货物交付给承运人，交付后货物产生灭失或未能如实全部收到货物的风险应由买受人李某自行承担。承运人已确认其收到灯具公司交付其承运的全部标的物，李某应该承担承运人收货后标的物产生的全部风险。故根据《合同法》第一百三十三条的规定，货物的所有权应自灯具公司送交给运输公司起直至转移给李某，标的物相应的毁损、灭失风险根据《合同法》第一百四十二条的规定，应由买受人李某承担。因此，该笔货损风险自出卖人交付运输时已经转自买受人。若发生货损可向保险公司或者有责任的第三人主张赔偿责任。

　　本条所确定的规则可以从以下三个层次把握：首先，如果买卖合同标的物需要运输，运输以及运输工具可以是卖方安排，也可以是买方安排的。出卖人的交付义务就是将标的物交付给第一承运人。即使在一批货物需要经过两个以上的承运人才能运到买方的情况下，出卖人也只需把货物交给第一承运人。这时即认为出卖人已履行了交付义务。因此，出卖人交付的地点也就是应当将标的物交付给第一承运人的地点。其次，如果标的物不需要运输，即合同中没有涉及运输的事宜，这时如果出卖人和买受人订立合同时知道标的物在某一地点的，出卖人应当在该地点交付标的物。第三，在不属于以上两种情况的其他情况下，出卖人的义务是在其订立合同时的营业地把标的物交付买受人处置。

4.风险转移条款

❀　　　❀　　　❀

案例一：

　　2009 年 12 月 18 日，某数码公司与某百货公司签订了《货物买卖框架合同》。该合同主要内容为：双方以任何方式不时进行的任何一笔货物买卖交易;订单经甲方确认后生效并成为本合同的一个组成部分,遵守本合同的各项约定。订单中对货物交付地点若未约定或约定不明确,则以某数码公司的发货地点为交货地点;订单中对货物的运输方式及运费若未约定或约定不明确,则由某百货公司在交货日期届满前至某数码公司自提货物;合同还对其他内容进行了约定。此后,某数码公司与某百货公司进行了若干笔交易,货物及款项往来均正常。2011年4月21日,某百货公司通过电子商务平台向某数码公司订购某品牌笔记本电脑150台,付款日期为2011年5月11日。某数码公司根据合同约定备足相应货物,并发运。由于某百货公司自身原因,该笔货物到达某数码公司指定物流部门的仓库后无法办理自提。直至2011年4月29日,某百货公司工作人员黄某持其公司公章与某数码公司员工谢某一起自提了货物,并在交货发运单上签名并加盖公章。后某百货公司收到某数码公司催款函后称未收到该货物并拒绝付款。后得知,黄某所持的百货公司公章系伪造,并将该批笔记本卖给某数码城。

案例二:

2009年2月1日,杨某与某机械设备厂签订了产品订货合同一份,合同约定:某机械设备厂为杨某提供多功能门板成型机一台,单价26000元,30T冷压机一台,单价18000元,推台锯一台,单价5000元,总计金额49000元,款到发货。交货日期:3月1号。同时约定购置设备的安装设计及人员培训由某机械设备厂负责,运费由杨某负责,某机械设备厂负责托运。合同签订后,杨某即交设备预付款15000元。2009年2月26日,杨某将设备款34000元给付某机械设备厂,同时又购买高分子模具板10张,又交现金2000元,共计51000元货款的设备交由某机械设备厂业主刘某负责托运。某机械设备厂业主刘某于2009年3月4

日与运输公司的司机王某签订了货物委托运输协议书。协议签订好后，运输公司即装货运输；单据等邮寄给杨某。2009年3月8日,杨某因购某机械设备厂的木工机器设备生产门业与某装饰有限公司签订了一份实木门、套装门销售合同,双方合同约定:杨某与某机械设备厂的货物将于应于2009年4月5日到达,由某装饰公司提货,并将单据等交由某装饰公司。后车辆发生翻车事故,造成机械货物全部损坏,王某称机器全部报废。杨某和某机械设备厂业主某装饰公司三方协商赔偿事宜未果。

专家解析:

《合同法》第一百四十二条:标的物毁损、灭失的风险,在标的物交付之前由出卖人承担,交付之后由买受人承担,但法律另有规定或者当事人另有约定的除外。

第一百四十四条:出卖人出卖交由承运人运输的在途标的物,除当事人另有约定的以外,毁损、灭失的风险自合同成立时起由买受人承担。

专家支招:

上述条文中的风险是指标的物毁损、灭失的风险,均为标的物的意外损失,如被盗、非正常的腐败腐烂、被强制征收、被征用、被查封等,它们与当事人的意志无关,不能按照过错责任来确定由谁来承担。根据《合同法》的规定,除法律另有规定或者当事人另有约定的以外,标的物毁损、灭失的风险,在标的物交付之前由出卖人承担,交付之后由买受人承担。在由出卖人负担标的物毁损、灭失的风险的情况下,如果标的物已经毁灭,出卖人应该返还全部价金;如果标的物已经损坏,出卖人应该按标的物价值减少的程度返还相应的价金;如果标的物已经损坏并且买受人不愿接受的,出卖人应该返还全部价金。在由买受人负担标的物毁损、灭失的风险的情况下,无论标的物是毁灭抑或损坏,买受人均不能免除给付全部价金的义务;如果价金已经支付的,买受人不能请求返还全部或者部分价金。

在案例一纠纷中,某数码公司作为卖方,应依约向买方某百货公司交付其购买的 150 台笔记本电脑,但是该批货物并未实际交付某百货公司,而是在黄某、谢某使用伪造的"某百货公司"印章,假冒某百货公司名义从某数码仓库将 150 台笔记本电脑提走。因某百货公司未收到合同约定的货物,故某数码公司不能要求某百货公司支付货款、违约金及利息。根据《合同法》第一百四十二条,该货物未交付,双方也没有关于标的物风险转移的特别约定,故该标的物毁损灭失的风险由某数码公司承担。

案例二比较特殊,是关于路货买卖中的风险纠纷,适用《合同法》第一百四十四条。该条文与《合同法》第一百四十二条关于风险转移的规定截然不同:在路货买卖中,一般适用于国际货物买卖,合同风险除非当事人另有约定,自合同成立(无需交付)风险即发生转移。路货买卖是指标的物已在运输途中,出卖人寻找买主,出卖在途中的标的物。它可以是出卖人先把标的物装上开往某个目的地的运输工具(一般是船舶)上,然后再寻找适应的买主订立买卖合同,也可以是按一个买卖合同买受人未实际收取标的物前,再把处于运输途中的标的物转卖给另一方。但是,如果卖方在订立合同时已知道或者理应知道货物已经遗失或者损坏,而他又不将这一事实告知买方,则这种遗失或者损坏应由卖方负责。出卖在运输途中的货物,一般在合同订立时,出卖人就应当将有关货物所有权的凭证或者提取货物的单证等交付买方,货物也就处在了买方的支配之下。因此,在该件纠纷中,由于货损时间发生在杨某与某装饰公司签订买卖合同之后，因此，货损风险由买受人某装饰公司承担。杨某可要求某装饰公司依约支付合同约定的货款。某装饰公司可以向保险公司或运输责任公司索赔。

但是，由于在途货物，买卖双方可能都不知道货物情况，如果货物抵达目的地之后，发现水渍等毁损，很难判断损失发生的时间，无法确定该项风险由谁承担。如果将风险转移的时间提前到货物交付运输时，可以免去调查货物实际毁损、灭失时间的很多麻烦。由于货损灭失风险提前，卖方通常也会给买方一定的优惠，如价格优惠、追索保险赔偿的权利等。本案合同订立时，标的物已经处于运输途中，属于买卖运输途中货物的合同，双方当事人并未对其风险责任转移另作约定，所以根据《合同法》的规定，该路货买卖标的物的风险自合同成立时由买方承担。

5.签订买卖合同注意事项小结

（1）标的物的名称：标的物的名称要明确和具体，不能笼统。对标的物的实际情况要作出实事求是的描述，尽可能使用国际上通用的名称和习惯称呼，标的物的名称包括型号规格、品种、牌号、商标等描述。

（2）标的物的数量条款：最好以合同双方都接受的计量单位，先确定好度量衡。需要注意，有些标的物是有自然损耗毛重净重的。

（3）标的物的质量条款：包括标的物的品种规格技术要求标准，品质的公差和浮动范围等。合同审核是一个公司多个职能部门配合的结果：作为买方，财务部、技术部、检验部都要对合同进行把关；作为卖方也要仔细查看质量标准是否达到买方的要求。质量条款的原则是有合同约定的按照合同的约定,合同没有约定的,通过协商去补充,不能达到补充协议约定的,按照合同有关条款或交易惯例去决定;如果仍然不能确定质量标准的,按照国家标准和行业标准去履行,没有国家标准和行业标准的,按照通常标准不符合合同目的的特定标准履行,则对于合同目的需要作进一步解释。样品买卖,按样品质量作为标准,但在合同签订时样品要封样。验收按照样品质量验收,可以写上对产品的质量要求见附件。

(4)标的物检验条款:包括检验的时间地点、检验标准检验机构、通知标的物不符合质量要求的时间期限。约定检验期限可以写成:当场验收,收货后几日内验收,某月某日验收,某某日内验收,过期不验收视为验收合格等。买方觉得标的物的数量或者质量不符合验收的应及时通知卖方,过期则视为标的物的数量和质量已经符合合同约定。

(5)标的物的计价条款:货币可以使用出口国汇率、进口国汇率和第三国汇率,为防止汇率变动风险,需增加订立保值条款。合理确定商品单价,过高或过低都都可能隐含了商业欺诈行为。

(6)违约责任条款:以经济补偿为原则法律。首先,尊重双方的约定。其次,按照填平原则,赔偿实际损失,法官有自由裁量权。违反合同约定是指不履行义务、部分履行义务、不适当履行义务、迟延履行义务。对此,相应的措施有继续履行,采取补救措施、维修、修理、更换,赔偿损失、利息、利润,但是赔偿损失不好计算,可以先在合同里写明赔偿范围和赔偿各项费用的计算方法,由于有些损失发生的可能没有写进去,可以在合同里写上"包括但不限于以上损失"。关于违约金条款,合同中只有约定了违约金的才能适用。赔偿损失和支付违约金不能并用但与损失额持平即可,

关于定金、押金、保证金的区别。订金是预付款可以退,押金、保证

金可以退，订金、押金、保证金不具有定金性质。定金是一种担保款，付定金的一方没有履行义务定金付款，收定金的一方没有履行义务双倍返还定金，定金不能超过合同总价款的20%，超过部分算预付款。定金，以交付的数额为准不以约定的定金数额为准。

(7)合同的协商性条款：协商性条款主要指合同的履行期限、履行地点、支付方式、运输途中标的物的保险条款的约定。

履行期限，逾期交付标的物，遇到价格上涨，按照原来的价格执行，如果价格下跌，按照新的价格执行，履行期限不明确的，债权人可以随时要求对方履行，但是要给对方必要的合理期限。

履行地点，应该在合同约定好的履行地点。约定不明确的，如果是货币，在接受货币的一方所在地履行，交付不动产的在不动产所在地履行，一般规则是在履行义务的一方所在地履行。国际贸易中要看清楚装运港交货还是目的港交货，负责运输的一方要看清港口的名称是沿海港口还是内陆河港口。

签合同时必须要写清楚合同签订的合同履行地，债务人履行义务地，确认接受履行的地点。履行地涉及到管辖权的法律依据，也涉及到风险的承担和所有权的转移。关于履行方式即支付工具和支付方式条款，支付工具有汇票、本票、支票；在谈判中首先考虑对方信用，安全是第一因素，其次考虑资金占用的时间长短问题。货物的运输方式会涉及到货物所有权和风险的变更，要弄清楚买方是否要求送货上门。

包装条款合同中约定商品是散装还是需要包装，约定好包装的规格方式、使用材料包装费的负担问题。根据商品特点和运输方式来约定合同条款，商品不同运输方式不同则包装不同。包装应适应商品的特性，以保护商品便于运输为前提。海运包装要牢固避免海水侵蚀，铁路包装要抗震，航运包装要轻便。尽量选择重量轻价格低、结实的包装物资,降低成本,节省运费。包装费一般包括在货物价格之内,不再单独收取,如果买方对包装有特殊要求的,费用由哪一方负担,应作出明确的约定,如果由买方负担要在合同里写上包装费的支付时间和办法,如果包装材料有买方提供应明确提供的时间及逾期到达时双方承担的责任,并与合同交货期相适应。

运输保险条款,保险费用已包含在价格里,考虑到风险和损失的关系,以确定保险的险别。货物在运输途中遭遇意外事故,其损失的情况和程度是不同的,在投保前应分析各种风险对货物致损的影响程度,以确定适当的险别。保险公司对于标的物的潜在缺点和运输途中的自然损耗是不予承保的。钢筋水泥等建筑材料在运输途中不怕碰撞;鸡蛋,瓷器等物资怕碰撞。考虑货物的包装装潢,如果由于包装不当造成货物受损,保险公司不赔。

(8)担保条款:当事人对保证人担保的范围没有约定,或约定不明确的,保证人应当承担连带担保责任。担保人应有代替别人偿还债务的能力,国家机关,学校、医院、养老院不能当担保人。保证人应当拥有超过其所负担债务的能力,资产债权人应当对保证人的清偿能力做严格的审查,保证人应当具有相应的民事行为能力。保证是以保证特定财产作为履行债务的担保,保证不需实际财产的交付,与抵押质押留置都不同。超过保证期间保证人就不用承担保证责任,法定保证期间为六个月。保证期间届满六个月后,保证人的保证责任解除。担保的范围包括主债权及利息违约金损害赔偿金,实现债权的费用律师费等。

(9)知识产权条款:凡是涉及软件外观设计等有关知识产权的研发成果的归属方式、知识产权的保密条款。

(10)争议解决条款,仲裁和诉讼只能选择其中一个,仲裁一次生效,仲裁不服不能选择法院,法院是两审终审。

第八章 借款合同签订过程中应注意的条款

1.借款合同概要

借款合同，是当事人约定一方将一定种类和数额的货币所有权移转给他方,他方于一定期限内返还同种类同数额货币的合同。其中,提供货币的一方称贷款人,受领货币的一方称借款人。

借款合同当事人的权利和义务

(一)贷款人的权利义务

在借款合同中，贷款人不得利用优势地位预先在本金中扣除利息。利息预先在本金中扣除的,按实际借款数额返还借款并计算利息。贷款人不得将借款人的营业秘密泄露于第三方,否则,应承担相应的法律责任。

贷款人的权利主要有:(1)有权请求返还本金和利息。(2)对借款使用情况的监督检查权。贷款人可以按照约定监督检查贷款的使用情况。(3)停止发放借款、提前收回借款和解除合同权。借款人未按照约定的借款用途使用借款的,贷款人可以停止发放借款、提前收回借款或者解除合同。

(二)借款人的权利义务

1.提供真实情况。订立借款合同,借款人应当按照贷款人的要求提供与借款有关的业务活动和财务状况的真实情况。

2.按照约定用途使用借款。合同对借款有约定用途的,借款人须按照约定用途使用借款,接受贷款人对贷款使用情况实施的监督检查。借款人未按照约定的借款用途使用借款的,贷款人可以停止发放借款、提前收回借款或者解除合同。

3.按期归还借款本金和利息。当借款为无偿时,借款人须按期归还借款本金;当借款为有偿时,借款人除须归还借款本金外,还必须按约定支付利息。

(三)自然人间的借款合同

根据《合同法》的规定,自然人间的借款合同的特殊规则有:

1.自然人间的借款合同是不要式合同,借款合同的形式可由当事人约定。

2.自然人间的借款未约定利息的,视为无偿借款。

3.自然人间有偿借款,其利率不得高于法定限制。最高人民法院发布的《关于人民法院审理借贷案件的若干意见》规定,民间借贷的利率可以适当高于银行的利率,但最高不得超过银行同类贷款利率的4倍;不允许计收复利。

2.债权担保条款

案例:

2009年4月12日,付某、谢某、林某共同向原告陈某借款50000元,利息按月息2%计算。如经催讨后借款人不还款引起诉讼的诉讼费、律师代理费概由借款人承担。未约定还款期限。上述款项经陈某多次催讨,付某、谢某、林某仅支付了截止 2011 年 2 月底之前的利息。而借款本金 50000 元及 2011 年 3 月 1 日起的利息至今未付。谢某和林某称自己并没有拿到钱,只是做担保人,陈某应找付某还款。

专家解析:

《担保法》

第六条:本法所称保证,是指保证人和债权人约定,当债务人不履行债务时,保证人按照约定履行债务或者承担责任的行为。

第十九条:当事人对保证方式没有约定或者约定不明确的,按照连带责任保证承担保证责任。

第十八条:当事人在保证合同中约定保证人与债务人对债务承担连带责任的,为连带责任保证。

连带责任保证的债务人在主合同规定的债务履行期届满没有履行债务的,债权人可以要求债务人履行债务,也可以要求保证人在其保证范围内承担保证责任。

第二十一条:保证担保的范围包括主债权及利息、违约金、损害赔偿金和实现债权的费用。保证合同另有约定的,按照约定。

当事人对保证担保的范围没有约定或者约定不明确的,保证人应当对全部债务承担责任。

专家支招:

保证合同中应当包括有保证方式。但由于我国目前的经济生活的实际情况中,当事人因不熟悉法律规定或疏忽大意等情况,没有在保证合同中约定保证方式或者约定不明确的现象是相当普遍的。这种情况的出现引发了大量纠纷的发生,严重影响了债权人的合法权益。所以,这就要求法律一方面要求当事人在订立合同时明确保证人的保证方式;另一方面,对于当事人没有约定保证方式或者约定不明的,法律明确规定保证人按照连带责任方式承担保证责任。这样规定,不仅明确了保证人承担保证责任的方式,而且,规定保证人承担较重的责任,有助于加强保证人的责任意识,使保证人明确对保证方式不约定或者约定。连带责任保证是指当事人约定或按照法律规定由保证人与债务人对债务承担连带责任的保证方式。

因此,在本件纠纷中,虽然借钱的是付某,但是按照《担保法》的相关规定,谢某和林某也对该笔债务负有连带清偿的责任。因此,作为出借方,在借款方信用状况不良或者不确定时,可以寻找保证人增强信用。但是作为保证人,必须谨慎考察该笔债务。

3.“借旧还新”中按照新合同还是旧合同还钱

案例:

2007 年 4 月 13 日,某公司与某银行签订《借款合同》,约定某公司向某银行借款 30 万元用于“借新还旧”,借款期限自借款合同签订之日起至 2008 年 2 月 13 日止,执行年利率 7.029%,如遇中国人民银行调整贷款基准利率, 贷款人自基准利率调整的下一个周期首月的借款对应日起按调整后相应期限档次的基准利率和上述计算方式确定新的借款执行利率。借款利率调整日与借款发放日或该周期首月的借款对应日为同一日的,自基准利率调整日起确定新的借款执行利率,无借款对应日的, 该月最后一日视为借款对应日;借款合同项下的借款按季结息,结息日为每季末月的 20 日;如某公司未按借款合同约定的期限归还借款本金, 某银行对逾期借款从逾期之日起在借款合同约定的执行利率基础上 6.58% 计收罚息,直至本息清偿为止,逾期期间如遇中国人民银行同期贷款基准利率上调，罚息利率自基准利率调整之日起相应上调(第六条第2项)；对某公司应付而未付的利息，某银行依据中国人民银行规定计收复利；如因某公司违约致使某银行采取诉讼的方式实现债权，某公司应当承担某银行为此支付的律师费、差旅费及其他实现债权的费用。

《借款合同》签订当日，某担保公司与某银行签订《保证合同》，约定某担保公司为上述借款合同项下用于"借新还旧"的借款承担连带保证责任，保证范围包括借款本金、利息、罚息、复利、违约金、损害赔偿金以及诉讼费、律师费等某银行实现债权的一切费用，保证期间为借款合同约定的某公司履行债务期限届满之日起两年。

某银行于签订《借款合同》的当日依约向某公司拨付了贷款，但某公司在借款到期后尚欠20万元未还，且自2008年3月21日起开始欠息。同时，某担保公司未履行保证责任。2008年某公司和某担保公司分别收到某银行发出的两次催收通知和履责通知。

2009年6月25日，某银行与北京市某律师事务所(以下简称某律师所)签订委托代理合同，约定某律师所接受某银行的委托，指派律师作为本案诉讼中的代理人。为此，某银行向某律师所支付了律师费3万元。某公司认为新的借款合同实际上不存在，是银行为了虚造还款的事实而签订的，因此，应根据原合同的约定不应支付逾期利息。

专家解析：

《合同法》

第一百九十六条：借款合同是借款人向贷款人借款，到期返还借款并支付利息的合同。

第二百零五条：借款人应当按照约定的期限支付利息。对支付利息的期限没有约定或者约定不明确，依照本法第六十一条的规定仍不能确定,借款期间不满一年的,应当在返还借款时一并支付;借款期间一年以上的,应当在每届满一年时支付,剩余期间不满一年的,应当在返还借款时一并支付。

第二百零七条:借款人未按照约定的期限返还借款的,应当按照约定或者国家有关规定支付逾期利息。

专家支招:

某银行与某公司签订的《借款合同》及与某担保公司签订的《保证合同》是当事人的真实意思表示,不违反法律、行政法规等某制性规定,且各方当事人已经达成新的合意变更了原借款合同。因此,新签订的某银行与某公司签订的《借款合同》及与某担保公司签订的《保证合同》均属有效合同,当事人均应依约履行合同义务。某公司借用某银行的款项后未依约还款,属违约行为。某担保公司未依约履行保证责任,亦属违约。因此,某银行提出的由某公司偿付借款本利息(包括罚息和复利)、财产保全费、律师代理费,并由某担保公司对上述债务承担连带清偿责任之诉讼请求,有事实依据。

本案中,出现的银行的借旧还新问题,属于商业银行在贷款的发放和收回过程中经常采用的操作方式,是指贷款到期(含展期后到期)后不能按时收回,又重新发放贷款用于归还部分或全部原贷款的行为。

借新还旧有利于商业银行盘活、收贷任务的完成,克服了诉讼时效的法律限制,进一步明确了债权债务关系,并有可能要求借款人完善或加强担保,弱化即期贷款风险。但借新还旧在一定程度上对社会信用产生负面影响,企业"有借有还"的信用观念进一步弱化;在某种程度上掩盖了信贷资产质量的真实状况,推迟了信贷风险的暴露时间,沉淀并累积了信贷风险;在办理新贷款的手续上,隐含着相当的法律风险。

4.借条注意事项

亲戚朋友之间经常会发生借贷,如果有字据凭证,则能防患于未然。但是,在现实生活中,借款人向出借人出具的借条都比较简短,难以完整全面地反映双方之间的法律关系,不利于争议的解决。以下借条格式供参考使用。应予注意的是,在使用过程中需根据具体的借贷关系调整。

示例参考:

借条①

为购买某品牌汽车②, 现收到③张三④ (身份证号:110102×××××××2820)⑤以现金形式⑥出借的人民币拾万元整(100000.00元)⑦,借期一年⑧,年利息2%(百分之二)⑨,二零一四年三月三日到期时本息一并返还。如到期未还清,按年利息4%(百分之四)⑩计付逾期利息。立此为据。⑪

借款人:李四⑫

身份证号:110109×××××××8080

二零一三年三月四日⑬

解释说明:

①标题表明了该条据的性质,既防止借条持有者在借条正文上方添加内容,也防止借条持有者将借条篡改为数页合同的最后一页。标题应书写在纸张顶部,标题和借条正文间不留空行,理由同前。另外,由于发生过恶意借款人用褪色笔书写借条的案例,因此书写借条时由出借

人提供签字笔更为妥当;借条由借款人全文手写较为妥当。

②"为……"表明借款的目的,以免一旦发生诉讼后借款人提出该笔借款系赌债、分手费等抗辩。另外,书写借条正文时应注意左右尽量靠近纸张边缘,不要留出太多空白,以防借条持有人添加内容。

③在民间借贷中,通常借条中写明"今借到某某多少元"即表示所借款项已经实际交付,但一旦发生纠纷,借款人主张虽出具借条但未实际收到款项仍极为常见,为进一步避免此种诉讼风险,本范本采取了"现收到某某出借的多少元"此种较不常见的表述,以更加强调款项已经实际交付。

④此处写出借人姓名的全名。名字中的字有同音的多种写法的,应与身份证上记载的名字一致。

⑤出借人的姓名后应附身份证号码,因为同名同姓的人不在少数,而身份证号是唯一的,以避免之后就出借人是谁发生争议。

⑥"现金"表明出借的方式,如果并非现金而系银行转账,则应将此处的"现金"替换表述为"银行转账",同时应保留银行转账凭据。金额较大的借款,建议采用银行转账方式,以免发生诉讼时就是否实际交付款项发生争议。

⑦金额应既写阿拉伯数字,也写大写数字,以避免之后就是否篡改发生争议;同时币种也要写明。

⑧借期必须明确,以免因何时还款发生争议;借期也要大写。

⑨利率应写清是年利率或月利率,同样也要附大写,理由同前。同时,应注意截至目前(民间借贷新司解未公布前),法院通常认定约定利率以人行发布的金融机构同期同类人民币贷款基准利率的四倍为上限。另外,民间也常将利率表述为"年息几分",如"年息4分",就是指"年利率4%",但为了避免争议,利率应尽量采用"年/月百分比"予以

表述。

如果是无需利息的借款,则上述借条的正文部分可简化为"为购买某品牌汽车,现收到张三(身份证号:110102××××××2820)以现金形式出借的人民币拾万元整(100000.00元),借期一年,二零一四年三月三日到期时返还。立此为据。"

⑩到期未还后的利率是否和约定的借期内利率一致是常见的争议,应在借条中写明略高于借期利率的逾期利率;附大写的理由同前。另外,也可写清逾期后的计息基数是到期未还的本息合计,但由于部分法院判决中对此种合计计息基数并不支持,为避免争议,本范本未采用此种写法。

⑪"立此为据"作为借条正文的收尾,以免借条持有者在借条正文末尾添加内容,同时借条正文和借款人签字之间不留空行,理由同前。由于借条行文必须简短,因此借款合同中常见的管辖、纠纷解决等条款在本范本中均不作表述。

⑫借款人的姓名应写全名并附身份证号,理由同前。同时应由借款人在手写的名字上摁手印,否则一旦发生诉讼,就借条是否是借款人书写发生争议时,字迹鉴定的费用不菲,而且也不是每张借条上的字迹都具备可鉴定条件。

⑬该日期应为所借款项实际支付的日期,并应大写,理由同前。借条末尾日期以下的空白纸张最好裁掉,理由同前。另外,借条书写中有涂改时,至少应要求借款人在涂改处摁手印,但若要求借款人重新书写无涂改的借条则更为妥当。借条书写完成后,为防篡改,借款人可用手机拍照留存,进一步的措施是借款人复印一份留存(并请出借人签注"该借条复印件与原件一致")。

第九章 租赁合同签订过程中应注意的条款

1.租赁合同概要

一、租赁合同中当事人的主要义务

(一)出租人的义务

1.将租赁物移交承租人使用、收益。

出租人应当按照约定将租赁物交付承租人使用、收益,并在租赁期间保持租赁物符合约定的用途。租赁物危及承租人的安全或者健康的,承租人可随时解除合同。因第三人主张权利,致使承租人不能对租赁物使用、收益的,承租人可以要求减少租金或者不支付租金。

因不可归责于承租人的事由,致使租赁物部分或者全部毁损、灭失的,承租人可以要求减少租金或者不支付租金;因租赁物部分或者全部毁损、灭失,致使不能实现合同目的的,承租人可以解除合同。

2.维修义务。

出租人应当履行租赁物的维修义务,但当事人另有约定的除外。承租人在租赁物需要维修时可以要求出租人在合理期限内维修。出租人未履行维修义务的,承租人可以自行维修,维修费用由出租人负担。因维修租赁物影响承租人使用的,应当相应减少租金或者延长租期。

(二)承租人的义务

1.按约定使用租赁物。

承租人应当按照约定的方法使用租赁物。没有约定或者约定不明确,可以协议补充,仍不能确定的,按租赁物的性质使用。未按约定的方法或者租赁物的性质使用租赁物,致使租赁物受到损失的,出租人可以解除合同并要求赔偿损失。

2.妥善保管。

承租人应当妥善保管租赁物,因保管不善造成租赁物毁损、灭失的,应当承担损害赔偿责任。

3.对租赁物不得擅自改变或转租。

承租人未经出租人同意,对租赁物进行改善或者增设他物的,出租人可以要求承租人恢复原状或者赔偿损失。承租人未经出租人同意将租赁物转租给第三人的,出租人可以解除合同。

4.支付租金。

承租人应当按约定期限支付租金。没有约定或者约定不明确的,可以协议补充,仍不能确定的,租赁期间不满一年的,应当在租赁期间届满时支付;租赁期间一年以上的,应当在每届满一年时支付,剩余期间不满一年的,应当在租赁期间届满时支付。承租人无正当理由未支付或者迟延支付租金的,出租人可以要求承租人在合理期限内支付。承租人逾期不支付的,出租人可以解除合同。

5.租赁期届满返还租赁物。

租赁期届满,承租人应当返还租赁物,返还的租赁物应当符合按照终定或者租赁物的性质使用后的状态。

二、租赁物条款

承租人在签订租赁合同时,对有关租赁物的条款主要应注意三个方面的问题,即租赁物的品质、租赁物的维修与保养、租赁物的使用与

收益。因而在合同中应明确规定出租人在租赁物方面的相关义务,概括而言,出租人针对租赁物的义务主要体现在以下几点:

1.出租人的权利瑕疵担保义务。出租人应担保不因第三人对承租人主张租赁物的权利而使承租人无法依约对租赁物进行使用、收益。否则,承租人可以要求减少租金或不付租金。对因此而可能产生的损失,承租方可在签订合同中明确违约金或是计算损失赔偿的方法。

2.出租人对租赁物有品质瑕疵担保义务。出租人交付给承租人的财产应符合约定的标准,或符合租赁物的用途。在订立合同时,承租人应就租赁物的品质标准进行约定,租赁物有瑕疵的,出租人有义务在修理完善之后交付使用, 或另换同类财产交付使用;承租人有权降低租金,或解除合同,并要求赔偿损失。

3.交付租赁物。出租人应当按照约定将租赁物交付承租人,承租人在缔约时应对出租人交付租赁物的时间、地点和方式进行约定,避免因交付条款不明确,影响出租人义务的履行,损及承租人的利益,出租人不按约定的时间、地点和方式交付租赁物的,视为违约。承租人可要求其承担违约责任。

4.租赁期间出租人应保持租赁物符合约定用途。这是《合同法》第二百一十六条的规定,在没有特别约定予以排除的情况下,出租人不仅有义务使租赁物在交付时处于符合约定的使用收益状态, 而且在整个租赁关系存续期间均有义务保持租赁物合乎约定的使用收益状态。

5.修缮租赁物的义务。对此条款承租人应注意,除合同中另有约定或者另有交易习惯存在外,均由出租人承担,《合同法》第二百二十二条规定,出租人应当履行租赁物的维修义务,所以承租人对此条款可以在合同中不作特别规定,或是排除性规定,该义务均由出租人承担:

承租人在与出租人明确其义务的同时,还应注意,应对出租物的使用方法在合同中进行合理的约定,因为如果承租人按约定的方法使用或是按租赁物的性质使用租赁物,致使租赁物受到损耗的,不承担损害赔偿责任。租赁物因使用受到的损耗是一种合理的情况,因为任何物品随着它的使用,都会有一定的磨损和损耗,例如,一台彩电的显像管的寿命是1万小时,就意味着只要一开电视,显像管的寿命就会逐渐缩短。合同中订立了使用方法,就意味着出租人认可了这种正常损耗,从而避免在承租人返还租赁物时对于所返还的租赁物是否合乎要求发生争议。

三、合同形式

租赁合同应以书面形式签订。《合同法》规定,租赁期限6个月以上的,应当采用书面形式。当事人未采用书面形式的,视为不定期租赁。在租赁合同中, 通常不能即时清结,且涉及双方的权利义务关系比较复杂。因此,只有以书面形式签订合同,才能明确双方当事人的具体权利、义务关系;一旦发生纠纷,也容易判明是非、划分责任。在履行合同过程中,有关修改合同的信函、电报等都是租赁合同的组成部分。所以,租赁合同应当以书面形式签订。

对于无需审批的租赁合同,自当事人在合同书上签字盖章后生效;法律、法规规定必须经过有关主管部门审核批准的合同。批准之后生效;合同当事人约定公证、鉴证的,经公证、鉴证后生效,涉外租赁合同中,要求确认书的,于确认书签字盖章之日起生效。

还应注意的是, 对于未履行法律法规规定的批准登记程序的租赁合同,并不绝对地无效,一般而言,若租赁合同的其他内容合乎法律要求,仅仅是未经批准登记,这时合同视为已成立,但未生效,当事人可在一审法庭辩论终结前补办相关手续。但承租人应在合同订立之时,就对法律或行政法律要求的相关批准、登记手续予以完善。

2.租赁物的条款(租赁物的名称、数量、用途)

❀   ❀   ❀

案例:

原告某市水暖设备安装公司于1992年4月与市自来水公司分家后,未经城市建设部门批准,擅自在原属自来水公司使用的巷道上搭建一简易棚屋。1993年6月,原告将该巷道上的简易棚屋出租给被告刘某(个体工商户)做服装生意,双方签订了门面房屋租赁合同,合同规定租期1年。1994年合同期满后,双方同意续租1年。1995年6月5日,原、被告再次签订房屋租赁合同一份。合同规定租期1年,每月租金170元。合同期满后,被告保证将房交还原告。去年6月5日合同期满后,原告按合同规定要收该房,被告则以原告未依法取得房屋产权,没有出租权为由,拒不退房。以致双方发生纠纷,原告诉至法院。

专家解析:

《合同法》

第二百一十三条:租赁合同的内容包括租赁物的名称、数量、用途、租赁期限、租金及其支付期限和方式、租赁物维修等条款。

专家支招:

所谓租赁合同的内容,即租赁合同条款所包含的合同当事人双方的权利义务。租赁合同的内容往往表现为租赁合同的条款。

根据《合同法》的规定,租赁合同的内容通常包括以下方面:(1)租赁物名称。租赁物名称在实践中会涉及很多具体问题,例如在国际贸易中标的物不同关税差别很多，因此当事人应当在租赁合同中明确标明租赁物名称。(2)租赁物的数量。(3)租赁物的用途。(4)租赁期限。租赁期限直接关系着租赁合同的存续期间。根据租赁期限的不同，可以将租赁合同分为定期租赁合同和不定期租赁合同。定期租赁合同在合同期限届满自然终止。不定期租赁合同不能理解为永久租赁合同，而应当理解为任意期限合同，只要给对方合理的准备时间，当事人可以随时要求终止合同。(5)租金及其支付期限和方式。(6)租赁物维修。租赁物在使用过程中，难免会有损耗，从而导致其正常功能受影响。因此，合同中应当约定由谁承担维修义务，支付维修费用。

《合同法》关于租赁合同内容的规定，属于提示性规定，而非强制性规范，仅仅起倡导作用。因此，司法实践中不能因为租赁合同中缺少上述内容的某一项或者某几项，就认定租赁合同无效。另外，上述租赁合同内容也仅仅是租赁合同的一般性条款，当事人可以在这些内容之外，进一步就租赁关系作出更为详尽的约定。

在本件纠纷中，作为出租方的甲方，应对租赁财产的特性、条件、用途等作出具体规定，尤其应规定所租赁的财产应具备承租方所拟使用的目的，避免因双方对租赁物的特性和用途理解上的分歧而影响合同的效力，同时，写清财产名称、数量、质量、用途，也利于防止索赔时，出现纠纷，也能在一定程度上防止承租人将租赁财产用于非法活动。可见，在租赁合同中，甲方首先应对租赁物的相关属性作出明确的规定，这些内容主要涉及租赁物的名称、租赁物的数量、性质、用途等可能影响合同效力的问题，从而避免合同在日后的履行过程产生争议。此外，若是出租时应履行特别程序或准备的出租物，应事先办理相关手续，因此，该房屋租赁合同无效。

3.转租条款

案例：

某学校与某家电门市部王甲就学校的 3 间邻街房屋达成租赁协议。协议规定：学校将自有房屋 3 间租赁给王甲开家电门市，租赁期限为 2 年；每月由承租人王甲向校方交纳租金 400 元，必须在每月 1 至 3 日交纳，超过规定期限不交，校方有权回收房屋使用权；在房屋租赁期间，房屋的修缮费用由承租人承担；租赁期满时，承租人不得以任何借口拆除、损坏房屋设备、建筑；此出租房屋只承租人使用，不允许转租；此协议自签订之日起生效，如有一方违约，违约方要付给对方违约金 1200 元。协议履行了一年后，因王甲在市内黄金地段租到房屋，遂私下将学校的 3 间房屋转租给李乙，李乙每月向王甲交纳租金 500 元，王甲从中渔利。学校察觉后，便找王甲交涉，要王甲解除与新承租人李乙的协议。但王甲以不少付给学校租金为由，置之不理。学校诉至法院，要求解除与王甲签订的房屋租赁合同，并要求王甲支付违约金 1200 元。

专家解析：

《合同法》

第二百二十四条：承租人经出租人同意，可以将租赁物转租给第三人。承租人转租的，承租人与出租人之间的租赁合同继续有效，第三人对租赁物造成损失的，承租人应当赔偿损失。

承租人未经出租人同意转租的，出租人可以解除合同。

专家支招：

所谓转租，是指承租人不退出租赁关系，而将租赁物出租给第三人使用收益的法律现象。在转租中,存在三方当事人:出租人、转租人(承租人)、第三人(次承租人);在转租关系的三方当事人中,可能发生三种法律关系:出租人与转租人之间的关系,转租人与次承租人之间的关系以及出租人与次承租人之间的关系。

承租人将租赁物转租的,应当具备下列要件:(1)原租赁合同合法有效。这是转租法律关系存在的前提;(2)承租人与第三人签订了合法有效的转租合同;(3)承租人的转租行为征得了出租人的同意或者事后得到出租人的追认;(4)转租的租赁期限不得超过原租赁合同的租赁期限减去承租人已经使用收益的年限的余额。在符合上述四个要件时,转租合法有效。

承租人未经出租人同意转租的,产生如下法律关系:(1)承租人得解除其与次承租人之间的租赁合同;(2)出租人得直接从次承租人处基于所有权或其他权利取回租赁物,次承租人不得基于其与转租人之间的租赁合同对抗出租人;(3)次承租人得向转租人主张租赁合同违反的违约责任。

承租人在使用租赁物时,不得未经出租人的同意而擅自转租,否则,出租人可以解除合同;承租人在租赁关系存续期要将租赁物转租他人的,应事先取得出租人的同意,也可以在合同签订时明确承租人的转租权,但应注意的是,承租人转租的,承租人与出租人之间的租赁合同继续有效,不因转租赁而受影响,出租人与第三人之间不发生直接的法律关系,第三人对租赁物造成损失,应由承租人而不是由第三人向出租人赔偿损失,所以在承租人行使转租权或是经出租人同意进行转租时,应对次承租人的履约能力及资信进行严格审查,避免由此产生的责任。

本案中,双方所签房屋租赁协议有效。本案承租人王甲未经校方同意,擅自将房屋转租第三人李乙使用,属违约行为,应当承担违约责任。承租人在租赁关系存续期物转租给他人。在租赁关系存续期间,承租人可因一定的条件将承租的财产转租给第三方承租使用。

这个条件就是必须事先征得出租人同意。租赁财产的所有权并不因租赁而转移给承租人,仍属于出租人。所以,承租人如因工作需要将承租财产转让给第三方时,应当征求出租人的意见。出租人有权决定是否同意给第三方承租使用。如果出租人不同意则承租人不得转租,否则,应当承担违约责任。本案王甲因找到处在黄金地段的房屋不再需要租赁校方的房屋,他可以依法律规定与出租人协商解除租赁协议,但不得擅自将租赁房屋转租给第三人使用,更不得谋取更高租金。《合同法》第二百二十四条第二款规定:"承租人未经出租人同意转租的,出租人可以解除合同。"故本案中学校有权解除合同收回用权。对于王甲的违约行为,应令其承担违约责任。

4.签订租赁合同注意事项小结

一、租赁合同的期限

租赁合同的期限原则上由租赁合同当事人约定,然而,为了防止租赁期限过长,使合同双方当事人受合同拘束的状况长期不能改变,从而不利于保护当事人的权益和发挥财产的效用,《合同法》第二百一十四条规定:"租赁期限不得超过20年。超过20年的,超过部分无效。""租赁期限届满,当事人可以续订租赁合同,但约定的租赁期限自续订之日起不得超过20年。"这样规定就给双方当事人在20年期限届满之后有补充、调整的机会,有利于公平原则的实现。若20年租赁期满,当事人双方仍然希望保持租赁关系，可以采取两种方式，一是并不终止原合同，承租人仍然使用租赁物，出租人也不提出任何异议，这时法律视为原合同继续有效，但租赁期限为不定期，这种状况是合同的"法定更新"；二是双方当事人根据原合同确定的内容再续签租赁合同，当事人可再订租赁期限为20年的合同，这是合同的"约定更新"。

二、租赁物的归属

《合同法》对使用租赁物收益的归属，租赁物所有权发生变动和转租等问题作了规定。

（一）在租赁期间因占有、使用租赁物获得的收益，归承租人所有，但当事人另有约定的除外。

《合同法》第二百二十五条对此作了明确规定，在一般情况下，承租人不仅重视对租赁物的使用，而且也重视对租赁物的收益，即通过使用而取得一定的经济利益，有时，承租人租赁他物的直接目的就是获得收益。这种收益，即包括一般收益，也包括孳息收益。承租人支付的租金，在一定程度上包含了承租人获得收益的对价。所以，除合同当事人另有约定，在租赁期间，因占有、使用租赁物而获得的收益，归承租人所有。

（二）租赁合同在当事人之间既引起债权法律关系又引起物权法律关系，即导致承租人获得物权性质的租赁权和先买权。

承租人的租赁权表现在两个方面：其一，在租赁合同有效期间，出租人将财产再租给第三人的行为对承租人无效；其二，出租人在租赁关系存续期间可将财产出卖，但这一行为不消灭承租人的租赁权即买卖不破租赁，这种现象称为"债权的物权化"。我国《合同法》第二百二十九条规定了买卖不破租赁原则。承租人享有的物权性质的租赁权，不仅限于不动产租赁，也可指动产租赁。

在"买卖不破租赁"的原则下，租赁物在租赁期间转让他人，租赁合

同继续有效,仅是出租人发生了变更,具体地讲,原租赁合同会产生以下效力:

1.原出租人因让与租赁物而脱离出租人地位,此后的权利义务概由受让人承受,得向承租人行使出租人的权利;

2.受让人与承租人之间权利义务的内容,如租金的数额、修缮义务的负担、租赁期限、租金支付时间、方式等,均依据原租赁合同;

3.受让人对于承租人的租金请求权的承受,应通知承租人,在未通知前,承租人向原出租人所为的义务履行应有效,原出租人与受让人之间依据不当得利的规定处理。

租赁合同还导致承租人享有先买权,当出租人出卖其出租物时,在同等条件下,承租人有优先购买该出租物的权利。这也是债权物权化的表现之一,《合同法》第二百三十条规定:"出租人出卖租赁房屋的,应当在出卖之前的合理期限内通知承租人,承租人享有以同等条件优先购买的权利。"与"买卖不破租赁"不同的是,承租人的优先购买权仅限于不动产,在我国由于土地所有权不能进行买卖,所以仅房屋租赁可用此规则,为保障承租人的利益,法律规定出租人对其房屋的转让受一定限制,出租人应当在出卖之间的合理期限内通知承租人,承租人愿意购买此房的,在同等的条件下,有优先购买权,若出租人未尽通知义务或虽尽通知义务,但在同等条件下而将房屋售与他人,此时,承租人可以请求法院或仲裁机构宣告该买卖合同无效。

三、转租

承租人经出租人同意,可以将租赁物转租给第三人。承租人转租的,承租人与出租人之间的租赁合同继续有效。第三人对租赁物造成损失的,承租人应当赔偿损失。我国《合同法》第二百二十四条规定:"承租人经出租人同意的,可以将租赁物转租给第三人。承租人转租的,承租人与出租人之间的租赁合同继续有效,第三人对租赁物造成损失的,承租人应当赔偿损失。""承租人未经出租人同意转租的,出租人可以解除合同。"可见未经出租人同意而为转租是不合法转租,属违约行为,出租人可以解除合同。当然,若出租人不解除合同,租赁合同仍然有效,不因承租人的转租而受影响。

经出租人同意的转租是有效的,但由于在同一租赁物上出现了三个当事人、两个合同关系,即出租人、承租人、第三人(可称之为次承租人),这三人之间的法律关系必须明确:首先,出租人与承租人之间的关系不因转租而受影响,承租人仍然应向出租人承担支付租金、在租赁期间届满时返还租赁物的义务,因此承租人的行为造成租赁物损失的,承租人仍然要对出租人负责;其次,虽然次承租人与出租人之间没有合同关系,次承租人可以直接向出租人支付租金;再次,在租赁合同终止或被解除时,承租人与次承租人之间的租赁关系也随之终止,因为该合同的订立是以前一个租赁合同为基础的。

四、出租物的品质承担瑕疵担保责任

出租物的品质承担瑕疵担保责任,即出租人应担保所交付的租赁物能够为承租人依约正常使用、收益,如租赁物有使承租人不能为正常使用、收益的瑕疵,出租人即应承担责任,承租人可以解除合同或请求减少租金。由于出租人不仅对交付前已存在的品质瑕疵承担担保责任而且应对交付后的瑕疵亦要负责,因为租赁合同是继续性合同,这是它与买卖合同不同之处,另外,租赁物在承租期间处于承租人控制之下,如果双方未在合同中事先约定出租方对租赁物交付后租赁物的瑕疵不负担保责任,那么承租人可以对并不是因他引起的租赁物的损毁灭失而提出减少或免除租金。这对出租方不利,因而,在订立合同中,涉受到品质瑕疵担保责任条款时应争取将交付后的品质瑕疵担保责任通过特约免除。

同时,出租人应注意,我国《合同法》第二百三十七条规定:租赁物危及承租人的安全或者健康的,即使承租人订立合同时明知租赁物质量不合格,承租人仍然可以随时解除合同,所以出租人对于所交付的租赁物应确保其品质合乎要求。

最后,在交付租赁物之前,为能有效地监督承租人合理利用租赁物,出租人可在合同中约定由承租人交付一定比例的押金或其他担保物。

五、租金支付方式

出租方在规定租赁条款时,既要写租金数额或全额,又要写租金交纳期限;分期交纳的,还要写每次交纳的数额:不能只写租金不写交纳。由于支付租金是承租人的一项主要义务,因而对此项内容应在合同中规定具体。

结合我国现行法律的规定,对于租金条款可能发生争议的情形主要为承租人拒付租金或延付租金,为了及时弥补因承租人这些违约行为而可能造成的损害后果,出租人应在合同中明确承租人支付租金的时间和方式,并对其拒付租金或延付租金时可以采取的救济措施作较为具体的规定,《合同法》规定对承租人无正当理由拒付租金或延付租金时,经出租人催告后的合理期限内,承租人仍不支付时,出租人可以解除合同。这是一项法定解释权,但要注意的是,对于什么才是"合理期限"法律并未明确,出租方可以事先在合同中订明这一期限。法律对此另有规定的依法律的特别规定,例如依我国现行法律的规定,房屋租赁的承租人 6 个月不交纳房租的,出租人才能解释合同。

承租人负有按时支付租金的义务,双方应约定支付租金的期限或约定支付期限不明确,则依照《合同法》第六十一条的规定通过补充协议来确定期限,如果就支付租金期限未能达成一致意见,则按照合同的有关条款或交易习惯确定支付租金的期限,如果通过以上途径仍不能确定支付期限的,则应当在租赁期限届满时支付,但租赁期限在一年以上的,应在每届满一年时支付,剩余期限不满一年的,应当在租赁期限届满时支付。

六、租赁物的维修与保养

《合同法》第二百二十条规定:"出租人应当履行租赁物的维修义务,但当事人另有约定的除外"。可见,对于租赁物的维修条款《合同法》的规定并不是强行性的规定,当事人可以通过特约排除,若出租人不愿承担租赁物在租赁期间的维修义务,可以通过与承租人协商,在合同中作出特别条款的规定,若对此条款未作规定,则依法律的规定该义务是出租人应履行的。

涉及租赁物的维修与保养,《合同法》规定,承租人应按照约定的方法或者租赁物的性质使用租赁物,致使租赁物受到损耗的,不承担损害赔偿责任。

如果对租赁物的使用方法没有约定或者约定不明确,依照《合同法》第六十一条的规定仍不能确定的,应当按照租赁物的性质使用。另外,承租人应当妥善保管租赁物,因保管不善造成租赁物毁损、灭失的,应当承担损害赔偿责任。所以对于租赁物的维修与保养条款,出租人可以事先在合同中明确租赁物的使用方法,明确承租人的保养责任,要订明维修、保养及费用承担;需特殊维修和保养的,还要将一般和特殊维修、保养区分开,可由一方承担,也可根据情况协定双方分担,避免因为此条款的遗漏或是规定不明确而导致的合同纠纷或是合同责任。

第十章 融资租赁合同签订过程中
应注意的条款

1.融资租赁合同概要

　　所谓融资租赁合同,是指当事人之间约定,出租人根据承租人对出卖人、租赁物的选择,向出卖人购买租赁物提供给承租人使用,承租人支付租金的合同。融资租赁合同的优势在于承租人不必像买卖那样一次交付大量的资金,可以通过融物的形式达到融资的目的,使企业的流动资金更多,同时也促进了企业的技术装备更新。而对出租人来说,其是用闲置的资金去赚取利润,增加企业的收入。出卖人则从中扩大了市场占有率,对企业以后的发展非常有利。

　　在理论和实践中,融资租赁合同常与租赁合同、保留所有权的分期付款买卖合同、借款合同、动产担保交易合同等类似合同发生混淆,因此,应当特别注意把握融资租赁合同的法律特征。

　　融资租赁合同是由两个合同(买卖合同和租赁合同)、三方当事人(出卖人、出租人即买受人、承租人)结合在一起有机构成的新型独立合同。这两个合同包括:①出租人与承租人签订的租赁合同;②出租人与出卖人签订的买卖合同。两个合同在效力上相互交错:出卖人并不向买受人即出租人交付标的物,而是直接向租赁合同的承租人交付标的物,承租人享有与受领标的物有关的买受人的权利和义务;在出卖人不履行买卖合同的义务时,承租人得在一定前提下向出卖人主张损害赔偿;买卖合同的当事人不得随意变更买卖合同中与租赁合同承租人有关的合同内容等。

(2)融资租赁合同是以融资为目的,以融物为手段的合同。换言之,融资租赁合同中,租赁物是由出租人依照承租人的要求购买的,融资租赁合同的承租人通过出租人购买并将标的物出租,达到融资的目的,解决自己一次性购买标的物所需资金不足的困难。在融资租赁中因其为"融资"租赁,所以承租人支付的对价并非是使用租赁物的对价,而是融资的对价。承租人交纳的租金并不是使用租赁物的代价,而是承租人分期对出租人购买租赁物的价金的本息和出租人应当获取的利润等费用的偿还。又因为融资租赁中租赁物一般不反复租赁,所以,融资租赁合同中租金标准的确定,与传统租赁合同中租金的确定标准有所不同,通常情况下它高于传统租赁中的租金。租金以出租人消耗在租赁物上的价值为基础,通常情况下,出租人消耗在租赁物上的价值包括三部分,即租赁物的成本、为购买租赁物向银行贷款而支付的利息、为租赁而支付的其他费用(包括合理的利润)。

在签订融资租赁合同的过程中一定要注意融资租赁合同出租人的资格。根据法律法规规定,融资租赁公司是指经中国人民银行批准以经营融资租赁业务为主的非银行金融机构,融资租赁业务必须由非银行金融机构经营。即融资租赁合同出租人需具备金融主体资格,否则为非法主体。即并不是任何单位都可以进行融资租赁,根据最高人民法院于1996年5月发布的《关于审理融资租赁合同纠纷案件若干问题的规定》第六条规定:出租人不具有从事融资租赁经营范围却签订融资租赁合同,该合同无效。因此承租人在签订合同时一定要首先认真审查出租人的融资租赁行为是否超越其经营范围。

在实务当中,融资租赁合同纠纷因涉及多方主体,法律关系复杂,处理起来还是很麻烦的。实务中融资租赁合同的约定并不那么泾渭分明，遇到具体案件时需要通过基本原理并结合实践进行深入的法律研究。

2.承租人能否以租赁物不能满足需求为由拒付租金

案例：

2010年，某医院通过一家国际租赁公司，以融资租赁的方式引进一台国外生产的核磁共振设备。在合同期内，该院设备管理人员认为该核磁共振设备不能满足医院的技术要求，性能落后。某医院分别于2011年底和2012年6月分别致函该国际租赁公司要求更换一台新设备的要求。两次致函无果，医院于2013年拒绝支付2013年度租金。2013年3月，国际租赁公司致函医院，要求医院收到函件之日起两个月内支付租金。但医院仍以设备不能满足需求为由拒绝。医院和租赁公司发生争议。

专家解析：

《合同法》

第二百三十九条：出租人根据承租人对出卖人、租赁物的选择订立的买卖合同，出卖人应当按照约定向承租人交付标的物，承租人享有与受领标的物有关的买受人的权利。

第二百四十八条：承租人应当按照约定支付租金。承租人经催告后在合理期限内仍不支付租金的，出租人可以要求支付全部租金；也可以解除合同，收回租赁物。

专家支招：

融资租赁合同为有偿合同，承租人应当按照约定向出租人支付租金，但是，该租金不同于一般租赁合同中的租金。在一般租赁合同中，承租人所支付的租金是其使用租赁物的对价；在融资租赁合同中，承租人支付的租金是出租人向承租人提供融资的对价。

基于融资租赁租金的上述性质，融资租赁合同承租人支付租金的义务与一般租赁合同承租人支付租金的义务相比存在如下特点：①融资租赁承租人支付租金不以对租赁物的使用为要件，承租人通知出租人收到租赁物的时间即为租金开始计算的时间。②在租赁物存在瑕疵时，承租人不得拒付或要求少付租金。融资租赁出租人一般不负租赁物瑕疵担保责任，租赁物存在瑕疵的，承租人可以要求出卖人承担瑕疵担保责任。③在租赁期间，承租人承担标的物灭失的风险。租赁期间，标的物因不可归责于出租人的事由发生毁损、灭失的致使租赁合同目的无法实现的，承租人仍然应当支付租金，不得要求免除或者减少。④因承租人违约而由出租人收回标的物时，承租人不能以标的物的收回而拒绝履行支付租金的义务。承租人不按照约定支付租金的，且经出租人催告在合理期限内仍然不支付租金的，出租人可以要求：要求承租人支付全部租金或者解除合同，收回租赁物。

因此，在本案案例中融资公司在提供机器时，是根据医院的技术、资金要求，来提供的相应的机器，也就是说，是医院当时和供货商选择的这个型号的机器，然后出租人提供资金，将医院所指定的机器买入，以融资租赁的形式租给医院使用。因此，合同生效后，出租人没有义务按承租人的意愿更换租赁物，承租人也没有权利要求出租人更换。承租人未按时照合同约定支付租金及造成违约，承租人应按合同约定支付租金,逾期利息,并赔偿出租人相应的损失。案例中医院的行为已经是违约行为。

3.谁应支付租金:承租人还是实际使用人

❈　❈　❈

案例:

2004年9月1日和同年12月25日,甲租赁有限公司和乙电子公司签订了两份融资租赁合同。按该两份租赁合同约定和承租人电子公司的要求,出租人甲公司从国外购进年产五百万只充气塑料打火机全套设备和生产技术,及一台气罐车和生产设备的零配件,租赁给电子公司。第一份租赁合同的租赁期从2006年1月1日至2009年1月1日;第二份租赁合同租赁期从2006年3月1日至2009年3月1日。两份合同租金总额约定分六次还清,每六个月还一次,未能支付到期租金应付延迟利息。合同还约定,如电子公司不支付租金,甲公司可要求即时付清租金一部分或全部,或径行终止合同,收回租赁物,并由电子公司赔偿损失。上述两份合同均由国际合作公司为承租人提供担保。

合同订立后,甲公司从日本购入设备,安装在丁公司使用。经电子公司和丁公司检验,设备质量合格。设备投产后,因生产原料需从国外进口,成本高,加之产品销路不好,致使设备开工不久就停产。承租人电子公司和丁公司自约定偿还第一期租金起,就未能按合同约定如数支付租金,前后两次仅支付租金41,639,002元,付利息5,319,467元(均系丁公司支付),尚欠租金355,862,832元及逾期利息。甲租赁有限公司多次催要未果,遂向法院起诉。

专家解析：

《合同法》

第二百四十八条：承租人应当按照约定支付租金。承租人经催告后在合理期限内仍不支付租金的，出租人可以要求支付全部租金；也可以解除合同，收回租赁物。

专家支招：

在本案纠纷中，甲租赁有限公司和乙电子公司所签订的融资租赁合同，符合国家法律，应为有效合同。乙电子公司作为承租人未按合同规定交付租金，违反了租赁合同的规定，乙电子公司应支付租赁合同项下的全部租金和迟延利息。丁公司虽是租赁物件的使用人，但不是租赁合同的当事人，不应承担直接还款的责任。乙电子公司偿还所欠甲公司租金和利息。

值得一提的是，经出租人催告，承租人在规定的期限内仍不支付租金的，即构成违约，出租人可以采取以下两种救济措施：

要求承租人支付全部租金。所谓全部租金，是指融资租赁合同中所规定的全部已到期而承租人未支付的租金，以及其他依约定未到期的租金。在融资租赁合同规定的每期租金支付期限到期之前，出租人无权请求承租人支付。但在融资租赁合同中往往规定，承租人不支付租金或者有其他违约行为时，出租人有权要求承租人付清全部租金。此即所谓期限利益丧失约款。同时，在融资租赁交易中，出租人与承租人互负的义务并非是同时履行的，而是有先后层次的，出租人支付租赁物价款的义务履行在先，承租人支付租金的义务履行在后，出租人的利益缺乏一种相互制衡或者保障。由于一般情况下，承租人在迟延支付一期租金时，很有可能也无力支付剩余未到期的租金，所以此时出租人如果不能一次性主张全部租金或者不能收回租赁物，将使自己处于默视损失扩大却无能为力的被动局面。

解除合同,收回租赁物,并请求赔偿损失。出租人不选择要求承租人支付全部租金的,可以解除合同,收回租赁物。因为出租人对租赁物享有所有权,这一所有权具有担保其租金债权的功能,所以当承租人违约,出租人解除合同时,出租人可以收回租赁物。

4.回租租赁还是借贷

案例:

2006 年 10 月 29 日,甲租赁公司与原大地轮胎厂、大明公司签订一份编号为 06276 的《回租租赁合同》,约定由甲租赁公司以 200 万元的价格购买大地轮胎厂所有的面积为 3375 平方米的厂房,将其再租予大地轮胎厂,租期为六个月,起租日为 2006 年 11 月 4 日,租金按利率8.42‰计算,租赁期满后,租赁物采取留购的方式进行处理,由大地轮胎厂向甲租赁公司交付全部租金及其他款项并支付残值 100 元后,由甲租赁公司将租赁物转让给大地轮胎厂。同日,双方又签订一份《补充合同》,约定将原合同约定的利率调整为 20‰。当日,甲租赁公司通过银行支付给大地轮胎厂 200 万元,但双方并没有办理厂房的过户登记手续。2007 年 5 月 12 日,甲租赁公司与大地轮胎厂签订一份编号为07309 的《回租租赁合同》,约定将 96276 号《回租租赁合同》项下的租赁物继续租赁给大地轮胎厂,租期为六个月,起租日为 2007 年 5 月 12日,租金按利率 8.42‰计算。同日,双方签订一份《补充合同》,约定将上述租金利率调整为 20‰。2007 年 10 月 27 日,甲租赁公司与大地轮胎厂签订一份编号为 07344 的《回租租赁合同》,约定甲租赁公司将 97309号《回租租赁合同》项下的租赁物继续租赁给大地轮胎厂,租期为六个月,起租日为 1997 年 11 月 4 日,租金按利率 8.42‰计算。同日,双方签订一份《补充合同》,约定将上述租金利率调整为 20‰。2008 年 5 月 3 日,甲租赁公司与大地轮胎厂签订一份编号为 08374 号的《回租租赁合同》,约定甲租赁公司将 07344 号《回租租赁合同》项下的租赁物继续租赁给大地轮胎厂,租期为六个月,起租日为 2008 年 5 月 4 日,租金按利率 7.01‰计算。同日,双方签订一份《补充合同》,约定将上述租金利率调整为 17‰。2012 年 12 月 31 日,甲租赁公司与大地轮胎厂签订一份《租金确认书》,双方确认大地轮胎厂于 2008 年 6 月 18 日至 2011 年 4 月 19 日期间合共支付 2008 年 3 月 20 日至 2010 年 9 月 15 日期间的租金 580893 元。甲租赁公司经中国人民银行批准,具备金融机构营业许可证,经营范围包括了金融租赁业务。

专家解析:

《合同法》

第二百三十七条:融资租赁合同是出租人根据承租人对出卖人、租赁物的选择,向出卖人购买租赁物,提供给承租人使用,承租人支付租金的合同。

第二百四十二条:出租人享有租赁物的所有权。承租人破产的,租赁物不属于破产财产。

专家支招:

在融资租赁交易中,所有权在行使过程中是处于不完整状态的,也就是说,租赁物所有权的四项权能并不是同时集中于一个主体手中的,存在着分离。融资租赁合同中出租人向承租人转移的是租赁物的占有权、使用权和收益权,而不是所有权。但这种分离并不影响所有权人,即出租人行使权利。在融资租赁合同存续期间,在承租人最终行使购买选择权之前,租赁物的所有权始终属于出租人。

但是，在本案纠纷中，甲租赁公司虽具备经营金融租赁业务的资格，其与轮胎厂签订的《回租租赁合同》内容亦符合法律规定，可是由于在签订上述合同后，在甲租赁公司支付转让款200万元后，双方并没有办理厂房的过户手续，厂房仍为轮胎厂所有，故双方签订的合同名为回租租赁，实为借贷，甲租赁公司据此收取高达每月17‰至20‰的利息，违反国家金融管理法规。甲租赁公司作为一般金融机构，应按中国人民银行规定的同期同类贷款利率计收利息。

5.签订融资租赁合同注意事项小结

一、融资租赁合同的形式：

《合同法》第二百三十八条第二款规定"融资租赁合同应当采用书面形式"，因此区别于一般的合同，融资租赁合同必须具备书面形式。《合同法》如此规定的原因在于融资租赁合同一般标的额大，履行周期长，法律关系复杂，采用书面形式一方面有利于明确各方的权利义务关系，另一方面发生纠纷时可以作为证明法律事实的重要证据。所以法律规定融资租赁合同应当以书面形式订立，而不能采用口头形式。

特别提醒：

法律规定采用书面形式订立合同，当事人应当采用书面形式订立合同，未采用的，一般应当推定合同不成立。但是，形式不是主要的，重要的在于当事人之间是否真的存在一个合同。如果合同已经得到完全履行，或者一方已经履行了主要义务，对方接受的，即使没有按照规定订立书面合同，合同是成立的。如果合同不违反法律的强制性规定，就是有效的。

二、融资租赁合同中的当事人

融资租赁中涉及三方当事人：出租人、承租人和出卖人。通常由两个合同(融资租赁合同、买卖合同)或者两个以上合同(有些情况下，还可能出现出租人与金融机构之间的借贷合同、承租人与出卖人之间的设备供应合同，等等)构成，其内容是融资，表现形式是融物。

出租人：在订立融资租赁合同时，出租人事先并不拥有租赁物。而是根据承租人对出卖人和租赁物的选择出资购买租赁物。在融资租赁中因承租人使用租赁物的复杂性，出租人是没有相应的经验去选购租赁物的，也没有相应的信息去选择出卖人，选择出卖人、选购租赁物基本上都是由承租人决定的。因此，与之相适应，融资租赁合同中租赁物的维修不是由出租人维修，而是由承租人来维修的。

承租人：需要某种设备又缺少资金购买时，向出租人提出要求其出资购买并租给其使用，承租人支付租金。

与传统的租赁合同中的租赁物可反复出租不同，融资租赁合同中的租赁物一般不反复出租。其次，另一个关键之处在于租赁期间届满，租赁物的归属。传统的租赁合同租赁期满，承租人返还租赁物。而在融资租赁合同中一般都约定租赁期满，租赁物所有权归承租人。

出卖人：即出卖融资租赁合同中租赁物的一方主体。在融资租赁中，租赁物是出租人根据承租人的选择购买的，作为买受人的出租人只有付款的义务。出租人实际上是为承租人购买租赁物提供资金，真正的买卖双方是承租人和出卖人。租赁物也不是由出租人交付给承租人，而是由出卖人直接交付给承租人。因此，出卖人应直接向承租人承担瑕疵担保责任。

三、标的物的型号、质量或质量标准

由于融资租赁合同中有两个合同关系，所以在签订融资租赁合同时必须注明合同标的的型号及质量或质量标准，以免发生错误。同时，由于融资租赁合同的标的物通常使用的时间较长，所以在签订融资租赁合同时，合同当事人应预先考虑因正常使用等原因造成的磨损或消耗，并在合同中确定一个科学标准，作为区分双方当事人责任的依据。

四、租赁物的最终归属

1.承租人可以与出租人在合同中约定承租人分期支付租赁物的价款，当价款全部支付完时，租赁物的所有权归承租人享有。

2.承租人也可以与出租人在合同中约定承租人每月支付租金，到合同期限届满时，承租人返还租赁物给出租人。

在融资租赁中，出租人关心的是如何收回其投资以及盈利，而对租赁物本身并没有什么兴趣，在实践中，大多数融资租赁交易均把承租人留购租赁物作为交易的条件。这是因为出租人购买租赁物的目的，并不是要取得租赁物的所有权，而在于通过向承租人融通资金来获得利润，其之所以在租赁期间要保留租赁物的所有权，主要是为担保能取得承租人支付的租金，收回投资。租赁期满，出租人无保留租赁物的必要，而租赁物对承租人仍有价值。

五、担保

由于融资租赁合同中的标的物通常都是价格比较昂贵的，所以出租人为了降低风险可以要求承租人提供保证，若出租人要求承租人提供保证金，则保证金的数额一般不能超过购买租赁物成本的 20%。若出租人要求承租人提供担保人，则当承租人不能向出租人交纳租金或履行其他义务时，由担保人代为履行相应的合同义务或赔偿损失。

六、保险

融资租赁期间，租赁物应当缴纳保险，这是融资租赁合同的特殊之处。保险费是由承租人承担的，该费用可列入租金总额，也可单独列出。有关保险事宜的具体问题可由双方当事人在合同中约定，保险赔偿金由承租人享有。

第十一章 承揽合同签订过程中应注意的条款

1.承揽合同概要

承揽合同是承揽人与定作人约定，由承揽人按照定作人的要求完成一定的工作，并将工作成果交付给定作人，定作人为此支付报酬给承揽人的合同。其中，完成工作并将工作成果交付给对方的一方当事人为承揽人，接受工作成果并向对方给付报酬的一方当事人为定作人。

实务中，应当注意把握承揽合同的以下法律特征：(1)承揽合同以完成一定的工作为目的，为了获得承揽人所完成的工作成果。这一特征使承揽合同区别于劳动合同。(2)承揽人完成工作的独立性。定作人与承揽人之间订立承揽合同，一般是建立在对承揽人的能力、条件等信任的基础上。(3)定作物的特定性。承揽合同多属个别商定的合同，定作物往往具有一定的特定性。无论定作物的最终成果以何种形式体现，它都必须符合定作人提出的特别要求，否则交付的工作成果就不合格。(4)承揽合同是诺成性合同、有偿合同、双务合同。承揽合同，双方当事人意思表示一致即可成立，为诺成性合同；承揽合同中，承揽人付出劳动并向定作人交付工作成果，定作人则向承揽人支付报酬，承揽合同为有偿合同；承揽人负有按照合同的约定完成特定工作并向定作人交付工作成果的义务,定作人则负有向承揽人支付报酬的义务,承揽合同为双务合同。

根据《合同法》的规定,依据承揽具体内容的不同,承揽合同可以表现为以下一些具体的合同种类:

(1)加工合同,即定作人向承揽人提供原材料,承揽人以自己的技能、设备和工作,为定作人进行加工,将其加工成符合定作人要求的成品并交付给定作人,定作人接受该成品并向承揽人支付报酬的合同。

(2)定作合同,即依照合同约定,由承揽人自己准备原料,并以自己的技术、设备和工作对该原料进行加工,按定作人的要求制成特定产品,将该产品交付给定作人,定作人接受该产品并向承揽人支付报酬的合同。

(3)修理合同,即定作人将损坏的物品交给承揽人,由承揽人负责将损坏的物品以自己的技术、工作修理好后归还给定作人,定作人接受该工作成果并向承揽人支付报酬的合同。

(4)复制合同,即承揽人依定作人的要求,将定作人提供的样品重新依样制作若干份,定作人接受该复制品并向承揽人支付报酬的合同。

(5)测试合同,即承揽人依定作人要求以自己的技术、仪器设备及自己的工作为定作人对其指定的项目进行测试,并将测试结果交付给定作人,定作人接受该成果并向承揽人支付报酬的合同。

(6)检验合同,即承揽人依定作人的要求,对定作人提出需要检验的内容,以自己的设备、仪器、技术等进行检验,并向定作人提出关于该检验内容相关的结论,定作人接受这一结论并向承揽人支付报酬的合同。

当然,承揽合同的种类远远不止这些,现实生活中的装修、搬家、粉刷、洗车、调查、装卸、收割、印刷、鉴定,等等,都可以是承揽合同的具体类型。

2.承揽合同的报酬支付

案例：

2005 年 7 月至今，印务公司与制药公司签订加工承揽合同，约定由印务公司为制药公司印刷包装盒和产品说明书等物品。合同对品名、数量、金额、验收、结算等事项以及违约责任和纠纷的处理方式进行了详细的约定。其中第六条"交(提)定作物的时间和地点"约定：按定作方通知印刷，以定单为主，18 天左右。

合同签订后，印务公司按约定完成印刷工作，但制药公司却迟迟未依约支付报酬，且对部分定作物拒绝接收，造成印务公司产品积压，资金周转不畅。

专家解析：

《合同法》

第二百五十一条：承揽合同是承揽人按照定作人的要求完成工作，交付工作成果，定作人给付报酬的合同。

承揽包括加工、定作、修理、复制、测试、检验等工作。

专家支招：

按照《合同法》的约定，定作人应当支付报酬。定做人需支付的报酬和材料等费用的标准，合同中有约定的，按照约定的数额支付；如合同中没有约定或者约定不明确，则依通常标准支付。所谓通常标准，应为工作成果交付的当地当时的同种类工作成果的一般报酬标准。

定作人应当按照合同约定的期限支付报酬。对支付报酬期限没有约定或者约定不明取得，依照合同的其他条款、补充协议或者交易习惯;仍不能确定的,定作人应当在承揽人交付工作成果的同时,应当相应地支付部分报酬(《合同法》第二百六十三条)。如果承揽人完成的工作成果无需交付,例如,为定作人粉刷墙壁的,则定作人应于工作完成之时支付报酬。定作人延期交付报酬的,应当承担逾期支付的利息。

本案中,首先印务公司与制药公司的承揽合同关系合法有效。印务公司已经按照承揽合同的约定履行了合同,制药公司的迟延付款构成违约,依法应承担相应责任。

3.支付加工款还是货损赔偿

案例:

骆某系某模具制品厂老板,2010 年 4 月 30 日与 A 公司签订加工承揽合同,A 公司承诺每月保底 6000m² 加工量给骆某进行生产加工,并按月结算加工费。自 2010 年 9 月 26 日起,A 公司就无法按照合同约定的保底面积 6000m² 给骆某加工,并且至今未向骆某支付 2010 年 8 月 26 日至起诉前的加工费用共计 30 余万元。

骆某搜集了双方承揽合同、加工单据、传真文件等资料,将 A 公司诉至法院,要求 A 公司按照保底加工量支付加工费用,不足 6000m² 按 6000m² 计算,超过 6000m² 按实际加工量计算,并且由于 A 公司违约,要求 A 公司按照合同约定支付违约金 10 万元。随后,A 公司提起反诉,反诉声称双方合同严重不对等,部分条款无效,并声称是原告加工器械存在问题导致无法完成加工任务,要求骆某支付违约金 10 万元。

专家解析：

《合同法》第二百五十一条：承揽合同是承揽人按照定作人的要求完成工作，交付工作成果，定作人给付报酬的合同。

承揽包括加工、定作、修理、复制、测试、检验等工作。

第二百六十二条：承揽人交付的工作成果不符合质量要求的，定作人可以要求承揽人承担修理、重作、减少报酬、赔偿损失等违约责任。

专家支招：

A公司的违约情形主要表现在两个方面：一是不按合同规定时间支付原告加工费，至今没有支付原告2010年9月份至今的加工费；二是不按合同约定保底面积给原告加工，致使原告在与被告合作期间连续亏损。

A公司的抗辩属于承揽人（骆某）的瑕疵担保责任，通俗说是指承揽人所保证工作成果应符合合同约定的质量要求。只要承揽人交付的工作成果不符合质量要求，无论承揽人主观上是否有过错，均应当向定作人承担该责任。

根据《合同法》的上述规定，承揽人承担瑕疵担保责任的形式可以是：（1）修理。如果该工作成果有修复之可能，并且对其进行修理费用合理，则定作人可以要求承揽人对其进行修理。（2）重作。如果承揽人交付的工作成果已经没有修复的可能，则定作人可以要求承揽人重作。（3）减少报酬。承揽人交付的工作成果有瑕疵，定作人未请求承揽人修理或者重作的，可以要求承揽人在合理的范围内减少报酬。（4）赔偿损失。承揽人根据定作人的请求对工作成果进行了修理、重作之后，如果定作人因为工作成果的质量瑕疵还受损失的，定作人可以向承揽人请求损害赔偿。需要指出，上述瑕疵担保责任的形式，根据具体案件的具体情况，可以并用。

但是，在本案纠纷中，A公司的主张没有足够的证据可以证明，因此其损害赔偿的主张没有法律支持。因此，根据《合同法》第二百五十一条的规定，骆某已经按照A公司的要求完成了工作，交付了工作成果，A公司应当按时给付骆某报酬。

4.签订承揽合同注意事项小结

一、定作物的技术标准

定作物或项目的质量和技术标准，由双方协商确定，合同中应当写明执行的标准，代号，编号和标准名称，当事人不得签订无质量标准和技术标准的合同。加工定作物需要封存样品的，应当由双方代表当面封签，妥为保存，作为验收的依据。

承揽方应当依据合同规定，按定作方要求的技术条件完成工作，未经定作方同意不得擅自变更。承揽方在依照定作方的要求进行工作期间，发现提供的图纸或技术要求不合理，应当及时通知定作方，定作方应当在规定时间内回复，提出修改意见。承揽方在规定的时间内未得到答复，有权停止工作，并通知定作方，因此造成的损失，由定作方赔偿。

二、原材料的供应和使用

用承揽方原料完成工作的，承揽方必须依照合同规定选用原材料，并接收定作方检验。承揽方隐瞒原材料的缺陷或者使用不符合合同规定的原材料而影响定作物的质量时，定作方有权要求重作、修理、减少价款或退货。

用定作方原材料完成工作的，合同应明确规定原材料消耗定额。定作方应按合同规定的时间，数量，质量，规定提供原材料。承揽方对定作方提供的原材料要按合同规定及时检验，不符合要求的应立即通知定作方调换或补齐。承揽方对定作方提供的原材料不得擅自更换,对修理的物品不得偷换零部件。

三、价款或酬金

定作物或项目的价款或酬金,按照国家或主管部门的规定执行,没有规定的由当事人双方商定。根据国家规定,定作方可向承揽方交付定金,定金数额由双方协商确定。定作方不履行合同的,无权请求返还定金。承揽方不履行合同的,应当双倍返还定金。经当事人约定,定作方可向承揽方给付预付款。承揽方不履行合同的,除承担违约责任外,必须如数返还预付款。定作方不履行合同的,可以把预付款抵作违约金和赔偿金。有余款的可以请求返还。

四、交(提)定作物的期限

交(提)定作物期限应当按照合同规定履行。任何一方要求提前或延期交(提)定作物,应当在事先与对方达成协议,并按协议执行。交(提)定作物日期的计算:承揽方自备运输工具送交定作物的,以定作方接收的戳记日期为准。委托运输部门运输的,以发运定作物时承运部门签发戳记日期为准。自提定作物的,以承揽方通知的提取日期为准,但承揽方在发出提取定作物的通知中,必须留给定作方以必要的途中时间。双方另有约定的,按约定的方法计算。原材料等物品交(提)日期的计算,参照以上规定办理。

五、检查验收

承揽方在工作期间,应当接受定作方必要的检查,但定作方不得因此妨碍承揽方的正常工作。当事人双方对定作物和项目的质量在检验中发生争议时,可由法定质量监督检验机构提供检验证明。

定作方应当按合同规定的期限验收承揽方所完成的工作。验收前承揽方应当向定作方提交必需的技术资料和有关质量证明。对短期检验难以发现质量缺陷的定作物或项目,应当由双方协商,在合同中规定保证期限。保证期限内发生的质量问题,除定作方使用、保管不当等原因而造成质量问题的以外,由承揽方负责修复或退换。

六、保密要求

承揽方对于承揽的工作,如果定作方要求保密的,应当严格遵守,未经定作方许可,不得留存技术资料和复制品。

七、合同的审查

合同签订后,最后一个环节即是对合同的审查。注意合同对象的选择,对方要有良好的信誉,有合法的主体资格。对合同内容反复思考做到用词准确表达清晰约定明确避免产生歧义,合同条款越完备,风险防控更加严密,欺诈的可能性就越小。因此在审核合同时,应注意是否影响价格条款的内容。必要时请律师参与合同审核,请工商行政管理局为合同作鉴证,以及公证机关为合同做公证。建立合同审批制度和审批流程,设置审批权限,规定好哪些部门参与合同审核,各自的职责。建立和完善合同专用章与合同文本的管理使用制度。查询对方的相关资格资质和信用的信用调查和信用分析制度,合同履行过程中跟踪监督和检查制度。

第一步:形式审查

(一)将合同文件本身分为三部分:开头(合同名称、编号、双方当事人和鉴于条款),正文(第一条至最后一条),签署部分(即双方签字盖章和签署时间)。形式审查就是看一看一份合同是否具备这三部分,这三部分是否完整,是否有前后矛盾的地方。常见的错误有:当事人名称不一致、不完全、错误或矛盾,合同名称与实质内容不符、时间签署前后不一样,地址、法定代表人错误等。

(二)形式审查还要看是否附有对方营业执照、其他证书、法定代表人身份证明书、委托书等相关材料。看相关文件之间内容是否有矛盾之处。

第二步:实质审查

主要是对合同正文的审查,这是合同最关键的内容,包括:①合同条款是否完备、合法;②合同内容是否公平,是否严重损害集团公司利益;③条款内容是否清楚,是否存在重大遗漏或严重隐患、陷阱。合同条款是否完备的审查标准。合同审查时重点关注违约责任的约定是否清楚、完整、公平,是否严重损害一方利益或者是否存在陷阱。合同条款内容是否合法,其实就是要审查合同条款或者内容是否违反国家的法律法规,是否构成无效的情形。在这里,熟悉相关《合同法》条文是最起码的要求。合同条款是否公平,是否清楚,审查时没有固定的方法,只有逐字逐行地看,认真地看,提高文字理解和驾驭能力也是相当重要的。

以买卖合同为例:1.双方名称或姓名和住所,列明当事人的全称、地址、电话、开户银行及账号。2.标的动产应标明名称、型号、规格、品种、等级、花色等;不易确定的无形财产、劳务、工作成果等描述要准确、明白;不动产应注明名称和坐落地点。3.数量要清楚、准确,计量单位、方法和工具符合国家或者行业规定。4.质量国家有强制性标准的,要明确标准代号全称。可能有多种适用标准的,要在合同中明确适用哪一种,并明确质量检验的方法、责任期限和条件、质量异议期限和条件等。5.价款或报酬合同明确规定价款或报酬数额、计算标准、结算方式和程序。6.履约期限、地点或方式履行期限要具体明确,地点应冠以省、市、县名称,交付标的物方式、劳务提供方式和结算方式应具体、清楚。7.违约责任应明确规定违约责任,赔偿金数额或具体计算方法。8.解决争议的方法选择诉讼或者仲裁其中之一作为争议解决方法,不要出现既由法院管辖又由仲裁机构裁决,也不要出现"由法院管辖或者仲裁机构仲裁"的条款。约定通过诉讼解决的,还可以约定管辖法院;约定由仲裁机构裁决的,应写明具体仲裁机构名称。9.合同生效条款一般应当写明:"合同自合同双方(或者各方)法定代表人或者授权代表签字并加盖单位公章(合同专用章)之日起生效"。如合同有固定期限的,还应当写明:"本合同有效期自某年某月某日至某年某月某日止。对于法律法规规定应当经批准或者登记后生效的,或者合同约定须经公证等生效条件的,应当在合同中写明并及时办理相关手续。10.清洁文本条款合同中应当写明:"本合同正文为清洁打印文本,如双方对此合同有任何修改及补充均应另行签订补充协议。合同正文中任何非打印的文字或者图形,除非经双方确认同意,不产生约束力。"在签署过程中,应注意:当合同中有清洁文本条款时,合同中的所有条款文字与数字(签署人签字、时间签署与盖章除外)均应当事先打印完成,不得在合同签字过程中出现合同正文里有手写文字或者空白未填写的情况存在。

第三步:沟通、参照与找法

一般的合同经过第一步、第二步的审查,一些初级的问题都能予以解决。为防止审查出现重大遗漏和差错,做好第三步就显得十分必要。

沟通,指的是与合同经办人、起草人甚至对方进行沟通,就合同谈判、协商及合同目的等内容进行交流,合同条款中不清楚或者含糊的条款,也需要他们作出明确的解释和说明。

参照,找到与所审合同相关的国家合同示范文本、行业推荐的示范合同文本、企业的合同范本等,对照在条款和内容上有何重大差别,分析或者询问原因。

找法,也就是寻找法律依据。在合同审查中,一定要对照《合同法》和相关司法解释的规定来判断送审的合同内容是否合法、合理、可行,要不要修改、应当怎样修改,需要寻找肯定或者否定的法律依据、司法实践依据和经济依据。审查有名合同,要看《合同法》总则和分则对该合同的专门规定;审查无名合同,更是要审慎行事。

合同审查的原则和要点:

市场经济社会,合同无处不在,每个企业,每个人都要不可避免地利用合同与他人打交道。因此,帮助当事人审查合同,规避法律风险,已经成为是律师的常规业务之一,以下从合同审查的基本原则、具体要点等方面一一阐述之。

一、合同审查的基本原则

(一)合法有效性原则。审查合同的合法有效性应当特别注意我国《民法通则》第五十八条及《合同法》第五十二条的规定以及一些特别法的相应规定。合同有效性问题,事实上包括三个方面的内容:一是合同主体是否适格,二是合同目的是否正当,三是合同内容、合同形式及程序是否合法。只要不违背我国法律法规强制性和禁止性规定,合同的有效性就能得到保障。

(二)公平性原则。所谓合同的公平性是指合同双方权利与义务要相对平衡。不存在只有权利而没有义务的合同,一方享受了权利,就必须承担相应的义务。过分强调一方的权利、忽略合同相对方的利益的合同草稿,要么得不到签署,要么变成"显示公平"。

(三)可操作性原则。实践中,大量的合同缺乏可操作性。具体表现在:对合同各方权利的规定过于抽象;对合同各方的义务规定不明确、不具体;虽对各方的权利义务作了详细规定但却没有具体操作程序条款或对此规定不清;虽规定了损失赔偿但却没有计算依据,整个交易程序不清晰,合同用语不确切,等等。实现合同可操作性是合同得以有效利用、完成交易和实现利益均衡的具体保证,尤其如建设工程、合作开发房地产,此类履行周期长、影响因素多、风险大的合同,切实地贯彻可操作性原则,尤显重要。

下列问题值得高度注意:

一、应注意合同的目的性。在着手起草或审查合同之前,应通过电话、电子邮件,最好是面谈的形式或直接参与谈判,摸清当事人拟签合同的真正目的,包括动机。实践中,明明是加工承揽合同,有的当事人当作买卖合同处理;明明是一般合作建房合同,有的当事人当作合作开发房地产合同处理,结果导致合同名不副实。有的当事人企图以合法形式掩盖非法目的,例如,明明是企业相互借贷合同,却要搞成一份合作经营合同。

二、应注意合同的有效性。要特别注意我国《民法通则》第五十八条的规定和我国《合同法》第五十二条的规定。判断合同有效还是无效,除了上述规定外,还要注意一些特别法的相应规定。只要不违背我国法律法规强制性和禁止性规定,合同的有效性就得到了保障。律师在起草和审查某一合同时,应特别注意相关法律、法规和司法解释当中强制性和禁止性规定。关于合同有效性问题,事实上包括三个方面的问题,一是合同主体是否适格,二是合同目的是否正当,三是合同内容、合同形式及程序是否合法。合同个别条款无效并不导致整个合同无效,整个合同无效并不导致合同约定的仲裁条款无效。当合同个别条款无效时,只需修改该个别条款;当整个合同无效时,就要放弃合同草稿,重新起草一份新的合同。

三、应注意合同的平衡性。所谓合同的平衡性是指合同一方权利与义务要相对平衡,合同双方权利与义务要相对平衡。没有只有权利而没有义务的合同,一方享受了权利,就必须承担相应的义务,权利与义务必须"匹配",不应出现有权利主体而没有义务主体、或有义务主体而没有权利主体的情形,一方当事人的权利内容应与另一方当事人的义务相对应。过分强调一方的权利、忽略合同相对方的利益的合同草稿,要么得不到签署,要么变成"显示公平"。

四、应注意合同的可操作性。实践中,大量合同缺乏可操作性,具体表现在:对合同各方权利的规定过于抽象原则,对合同各方的义务规定不明确、不具体,或虽对各方的义务作了详细规定但没有违约责任条款或对此规定不清,合同虽规定了损失赔偿但没有计算依据,整个交易程序不清晰,合同用语不确切,等等。实现合同可操作性是合同得以有效利用、完成交易和实现利益均衡的具体保证,尤其像建设工程合同、合作开发房地产合同、诸如此类的履行周期长、影响因素多、风险大的合同,更需要对于可操作性做出更高的要求。从某种意义讲,合同就是立约方对合同所涉事项的事先"规划"和"设计",这种规划和设计既包括对立约各方"角色"的规划和设计,也包括对交易程序的"规划"和"设计",还包括立约各方如果在履行过程中产生争议不能达成共识一旦"诉诸法律"的"规划"和"设计"。工程建设,如果规划不当,设计不周,后果可以想象,同样,合同缺乏可操作性,后果也就不言而喻了。

关于违约责任。俗话说,丑话说在前头,明确双方的违约责任将提高纠纷解决的效率。违约责任,不但要规定违约责任,还得尽量详尽,使各方违约责任与其义务相一致并落到实处。

合同用词不能使用形容词如"巨大的"、"重要的"、"优良的"、"好的"、"大的"、"合理的"等等,避免使用模棱两可的词语如"大约"、"相当",亦不要泛指如"一切"、"全部"(若必须用该字眼,就应写下"包括但不限于……"),简称必须有解释,容易产生误解和歧义的词语要定义,用词要统一,标点符号亦不可轻视。合同用语不确切,不但使合同缺乏可操作性,而且还会导致纠纷的产生。

五、应注意合同结构的合理性。合同结构是指合同各个组成部分的排列、组合和搭配形式。合同通常由三部分组成,即首部、内容、结尾。首部一般包括标题、合同编号、双方当事人名称、住所、邮政编码、法定代表人、电话、传真、电子信箱、开户行、账号等;内容一般包括签订合同的依据和目的(常见的鉴于条款)、标的物、数量和质量、价款或酬金、履行方式、地点和期限、违约责任、合同生效及终止、不可抗力、争议的解决方式、法律适用、保密、权利放弃、权利转让、继承者和受让人、修订、可分割性、全部协议(常见的取代条款)、未尽事宜、通知、合同正副本份数及保存、附件等;合同结尾一般包括签约单位盖章及签约单位授权代表签字、签约时间、签约地点等。实践中,严格按上述顺序排列的合同并不多见,对一般条款或通用条款如不可抗力、争议的解决方式、法律适用、保密、通知,大部分合同均未叙述。

追求合同结构合理性就是要让合同整体框架协调、各条款功能互补,从而避免和减少合同条款之间的矛盾和歧义。

六、应注意合同体例的适用性。合同体例通常是指合同简繁及合同各条内容排列形式。有的合同方方面面的内容都要涉及,有的合同力求简要;有的合同采取先有"章",后有"条","条"下面是"款","款"下面是"项",有的合同只有"条"、"款"、"项",简单的合同可以直接按照"一、二、三……"的顺序排列。合同体例既要视委托人要求和委托人情况而定,又要与合同所涉事项、金额、履行方式、有效期、操作难易程度等因素相一致,即因人而异、因事而异,不能千篇一律。

附录:

中华人民共和国合同法

总　则

第一章　一般规定

第一条　为了保护合同当事人的合法权益,维护社会经济秩序,促进社会主义现代化建设,制定本法。

第二条　本法所称合同是平等主体的自然人、法人、其他组织之间设立、变更、终止民事权利义务关系的协议。婚姻、收养、监护等有关身份关系的协议,适用其他法律的规定。

第三条　合同当事人的法律地位平等,一方不得将自己的意志强加给另一方。

第四条　当事人依法享有自愿订立合同的权利,任何单位和个人不得非法干预。

第五条　当事人应当遵循公平原则确定各方的权利和义务。

第六条　当事人行使权利、履行义务应当遵循诚实信用原则。

第七条　当事人订立、履行合同,应当遵守法律、行政法规,尊重社会公德,不得扰乱社会经济秩序,损害社会公共利益。

第八条 依法成立的合同,对当事人具有法律约束力。当事人应当按照约定履行自己的义务,不得擅自变更或者解除合同。依法成立的合同,受法律保护。

第二章 合同的订立

第九条 当事人订立合同,应当具有相应的民事权利能力和民事行为能力。当事人依法可以委托代理人订立合同。

第十条 当事人订立合同,有书面形式、口头形式和其他形式。法律、行政法规规定采用书面形式的,应当采用书面形式。当事人约定采用书面形式的,应当采用书面形式。

第十一条 书面形式是指合同书、信件和数据电文(包括电报、电传、传真、电子数据交换和电子邮件)等可以有形地表现所载内容的形式。

第十二条 合同的内容由当事人约定,一般包括以下条款:

(一)当事人的名称或者姓名和住所;

(二)标的;

(三)数量;

(四)质量;

(五)价款或者报酬;

(六)履行期限、地点和方式;

(七)违约责任;

(八)解决争议的方法。当事人可以参照各类合同的示范文本订立合同。

第十三条 当事人订立合同,采取要约、承诺方式。

第十四条 要约是希望和他人订立合同的意思表示,该意思表示应当符合下列规定:

（一）内容具体确定；

（二）表明经受要约人承诺，要约人即受该意思表示约束。

第十五条 要约邀请是希望他人向自己发出要约的意思表示。寄送的价目表、拍卖公告、招标公告、招股说明书、商业广告等为要约邀请。商业广告的内容符合要约规定的，视为要约。

第十六条 要约到达受要约人时生效。

采用数据电文形式订立合同，收件人指定特定系统接收数据电文的，该数据电文进入该特定系统的时间，视为到达时间；未指定特定系统的，该数据电文进入收件人的任何系统的首次时间，视为到达时间。

第十七条 要约可以撤回。撤回要约的通知应当在要约到达受要约人之前或者与要约同时到达受要约人

第十八条 要约可以撤销。撤销要约的通知应当在受要约人发出承诺通知之前到达受要约人。

第十九条 有下列情形之一的，要约不得撤销：

（一）要约人确定了承诺期限或者以其他形式明示要约不可撤销；

（二）受要约人有理由认为要约是不可撤销的，并已经为履行合同作了准备工作。

第二十条 有下列情形之一的，要约失效：

（一）拒绝要约的通知到达要约人；

（二）要约人依法撤销要约；

（三）承诺期限届满，受要约人未作出承诺；

（四）受要约人对要约的内容作出实质性变更。

第二十一条 承诺是受要约人同意要约的意思表示。

第二十二条 承诺应当以通知的方式作出，但根据交易习惯或者要约表明可以通过行为作出承诺的除外

第二十三条 承诺应当在要约确定的期限内到达要约人。要约没

有确定承诺期限的,承诺应当依照下列规定到达:

(一)要约以对话方式作出的,应当即时作出承诺,但当事人另有约定的除外;

(二)要约以非对话方式作出的,承诺应当在合理期限内到达。

第二十四条 要约以信件或者电报作出的,承诺期限自信件载明的日期或者电报交发之日开始计算。信件未载明日期的,自投寄该信件的邮戳日期开始计算。要约以电话、传真等快速通讯方式作出的,承诺期限自要约到达受要约人时开始计算。

第二十五条 承诺生效时合同成立。

第二十六条 承诺通知到达要约人时生效。承诺不需要通知的,根据交易习惯或者要约的要求作出承诺的行为时生效。

采用数据电文形式订立合同的,承诺到达的时间适用本法第十六条第二款的规定。

第二十七条 承诺可以撤回。撤回承诺的通知应当在承诺通知到达要约人之前或者与承诺通知同时到达要约人。

第二十八条 受要约人超过承诺期限发出承诺的,除要约人及时通知受要约人该承诺有效的以外,为新要约。

第二十九条 受要约人在承诺期限内发出承诺,按照通常情形能够及时到达要约人,但因其他原因承诺到达要约人时超过承诺期限的,除要约人及时通知受要约人因承诺超过期限不接受该承诺的以外,该承诺有效。

第三十条 承诺的内容应当与要约的内容一致。受要约人对要约的内容作出实质性变更的,为新要约。有关合同标的、数量、质量、价款或者报酬、履行期限、履行地点和方式、违约责任和解决争议方法等的变更,是对要约内容的实质性变更。

第三十一条 承诺对要约的内容作出非实质性变更的,除要约人及时表示反对或者要约表明承诺不得对要约的内容作出任何变更的以外,该承诺有效,合同的内容以承诺的内容为准。

第三十二条 当事人采用合同书形式订立合同的,自双方当事人签字或者盖章　时合同成立。

第三十三条 当事人采用信件、数据电文等形式订立合同的,可以在合同成立之前要求签订确认书。签订确认书时合同成立。

第三十四条 承诺生效的地点为合同成立的地点。

采用数据电文形式订立合同的,收件人的主营业地为合同成立的地点;没有主营业地的,其经常居住地为合同成立的地点。当事人另有约定的,按照其约定。

第三十五条 当事人采用合同书形式订立合同的,双方当事人签字或者盖章　的地点为合同成立的地点。

第三十六条 法律、行政法规规定或者当事人约定采用书面形式订立合同,当事人未采用书面形式但一方已经履行主要义务,对方接受的,该合同成立。

第三十七条 采用合同书形式订立合同,在签字或者盖章之前,当事人一方已经履行主要义务,对方接受的,该合同成立。

第三十八条 国家根据需要下达指令性任务或者国家订货任务的,有关法人、其他组织之间应当依照有关法律、行政法规规定的权利和义务订立合同。

第三十九条 采用格式条款订立合同的,提供格式条款的一方应当遵循公平原则确定当事人之间的权利和义务,并采取合理的方式提请对方注意免除或者限制其责任的条款,按照对方的要求,对该条款予以说明。

格式条款是当事人为了重复使用而预先拟定,并在订立合同时未与对方协商的条款。

第四十条　格式条款具有本法第五十二条和第五十三条规定情形的,或者提供格式条款一方免除其责任、加重对方责任、排除对方主要权利的,该条款无效。

第四十一条　对格式条款的理解发生争议的,应当按照通常理解予以解释。对格式条款有两种以上解释的,应当作出不利于提供格式条款一方的解释。格式条款和非格式条款不一致的,应当采用非格式条款。

第四十二条　当事人在订立合同过程中有下列情形之一,给对方造成损失的,应当承担损害赔偿责任:

(一)假借订立合同,恶意进行磋商;

(二)故意隐瞒与订立合同有关的重要事实或者提供虚假情况;

(三)有其他违背诚实信用原则的行为。

第四十三条　当事人在订立合同过程中知悉的商业秘密,无论合同是否成立,不得泄露或者不正当地使用。泄露或者不正当地使用该商业秘密给对方造成损失的,应当承担损害赔偿责任。

第三章　合同的效力

第四十四条　依法成立的合同,自成立时生效。

法律、行政法规规定应当办理批准、登记等手续生效的,依照其规定。

第四十五条　当事人对合同的效力可以约定附条件。附生效条件的合同,自条件成就时生效。附解除条件的合同,自条件成就时失效。

当事人为自己的利益不正当地阻止条件成就的,视为条件已成就;不正当地促成条件成就的,视为条件不成就。

第四十六条　当事人对合同的效力可以约定附期限。附生效期限的合同,自期限届至时生效。附终止期限的合同,自期限届满时失效。

第四十七条 限制民事行为能力人订立的合同,经法定代理人追认后,该合同有效,但纯获利益的合同或者与其年龄、智力、精神健康状况相适应而订立的合同,不必经法定代理人追认。

相对人可以催告法定代理人在一个月内予以追认。法定代理人未作表示的,视为拒绝追认。合同被追认之前,善意相对人有撤销的权利。撤销应当以通知的方式作出。

第四十八条 行为人没有代理权、超越代理权或者代理权终止后以被代理人名义订立的合同,未经被代理人追认,对被代理人不发生效力,由行为人承担责任。

相对人可以催告被代理人在一个月内予以追认。被代理人未作表示的,视为拒绝追认。合同被追认之前,善意相对人有撤销的权利。撤销应当以通知的方式作出。

第四十九条 行为人没有代理权、超越代理权或者代理权终止后以被代理人名义订立合同,相对人有理由相信行为人有代理权的,该代理行为有效。

第五十条 法人或者其他组织的法定代表人、负责人超越权限订立的合同,除相对人知道或者应当知道其超越权限的以外,该代表行为有效。

第五十一条 无处分权的人处分他人财产,经权利人追认或者无处分权的人订立合同后取得处分权的,该合同有效。

第五十二条 有下列情形之一的,合同无效:

(一)一方以欺诈、胁迫的手段订立合同,损害国家利益;

(二)恶意串通,损害国家、集体或者第三人利益;

(三)以合法形式掩盖非法目的;

(四)损害社会公共利益;

(五)违反法律、行政法规的强制性规定。

第五十三条 合同中的下列免责条款无效：

(一)造成对方人身伤害的；

(二)因故意或者重大过失造成对方财产损失的。

第五十四条 下列合同，当事人一方有权请求人民法院或者仲裁机构变更或者撤销：

(一)因重大误解订立的；

(二)在订立合同时显失公平的。

一方以欺诈、胁迫的手段或者乘人之危，使对方在违背真实意思的情况下订立的合同，受损害方有权请求人民法院或者仲裁机构变更或者撤销。

当事人请求变更的，人民法院或者仲裁机构不得撤销

第五十五条 有下列情形之一的，撤销权消灭：

(一)具有撤销权的当事人自知道或者应当知道撤销事由之日起一年内没有行使撤销权；

(二)具有撤销权的当事人知道撤销事由后明确表示或者以自己的行为放弃撤销权。

第五十六条 无效的合同或者被撤销的合同自始没有法律约束力。合同部分无效，不影响其他部分效力的，其他部分仍然有效。

第五十七条 合同无效、被撤销或者终止的，不影响合同中独立存在的有关解决争议方法的条款的效力

第五十八条 合同无效或者被撤销后，因该合同取得的财产，应当予以返还；不能返还或者没有必要返还的，应当折价补偿。有过错的一方应当赔偿对方因此所受到的损失，双方都有过错的，应当各自承担相应的责任。

第五十九条 当事人恶意串通，损害国家、集体或者第三人利益的，因此取得的财产收归国家所有或者返还集体、第三人。

第四章　合同的履行

第六十条　当事人应当按照约定全面履行自己的义务。

当事人应当遵循诚实信用原则,根据合同的性质、目的和交易习惯履行通知、协助、保密等义务。

第六十一条　合同生效后,当事人就质量、价款或者报酬、履行地点等内容没有约定或者约定不明确的,可以协议补充;不能达成补充协议的,按照合同有关条款或者交易习惯确定。

第六十二条　当事人就有关合同内容约定不明确,依照本法第六十一条的规定仍不能确定的,适用下列规定:

(一)质量要求不明确的,按照国家标准、行业标准履行;没有国家标准、行业标准的,按照通常标准或者符合合同目的的特定标准履行。

(二)价款或者报酬不明确的,按照订立合同时履行地的市场价格履行;依法应当执行政府定价或者政府指导价的,按照规定履行。

(三)履行地点不明确,给付货币的,在接受货币一方所在地履行;交付不动产的,在不动产所在地履行;其他标的,在履行义务一方所在地履行。

(四)履行期限不明确的,债务人可以随时履行,债权人也可以随时要求履行,但应当给对方必要的准备时间。

(五)履行方式不明确的,按照有利于实现合同目的的方式履行。

(六)履行费用的负担不明确的,由履行义务一方负担。

第六十三条　执行政府定价或者政府指导价的,在合同约定的交付期限内政府价格调整时,按照交付时的价格计价。逾期交付标的物的,遇价格上涨时,按照原价格执行;价格下降时,按照新价格执行。逾期提取标的物或者逾期付款的,遇价格上涨时,按照新价格执行;价格下降时,按照原价格执行。

第六十四条 当事人约定由债务人向第三人履行债务的，债务人未向第三人履行债务或者履行债务不符合约定，应当向债权人承担违约责任。

第六十五条 当事人约定由第三人向债权人履行债务的，第三人不履行债务或者履行债务不符合约定，债务人应当向债权人承担违约责任。

第六十六条 当事人互负债务，没有先后履行顺序的，应当同时履行。一方在对方履行之前有权拒绝其履行要求。一方在对方履行债务不符合约定时，有权拒绝其相应的履行要求。

第六十七条 当事人互负债务，有先后履行顺序，先履行一方未履行的，后履行一方有权拒绝其履行要求。先履行一方履行债务不符合约定的，后履行一方有权拒绝其相应的履行要求。

第六十八条 应当先履行债务的当事人，有确切证据证明对方有下列情形之一的，可以中止履行：

（一）经营状况严重恶化；

（二）转移财产、抽逃资金，以逃避债务；

（三）丧失商业信誉；

（四）有丧失或者可能丧失履行债务能力的其他情形。

当事人没有确切证据中止履行的，应当承担违约责任。

第六十九条 当事人依照本法第六十八条的规定中止履行的，应当及时通知对方。对方提供适当担保时，应当恢复履行。中止履行后，对方在合理期限内未恢复履行能力并且未提供适当担保的，中止履行的一方可以解除合同。

第七十条 债权人分立、合并或者变更住所没有通知债务人，致使履行债务发生困难的，债务人可以中止履行或者将标的物提存。

第七十一条 债权人可以拒绝债务人提前履行债务，但提前履行不损害债权人利益的除外。债务人提前履行债务给债权人增加的费用，由债务人负担。

第七十二条 债权人可以拒绝债务人部分履行债务，但部分履行不损害债权人利益的除外。债务人部分履行债务给债权人增加的费用，由债务人负担。

第七十三条 因债务人怠于行使其到期债权，对债权人造成损害的，债权人可以向人民法院请求以自己的名义代位行使债务人的债权，但该债权专属于债务人自身的除外。

代位权的行使范围以债权人的债权为限。债权人行使代位权的必要费用，由债务人负担。

第七十四条 因债务人放弃其到期债权或者无偿转让财产，对债权人造成损害的，债权人可以请求人民法院撤销债务人的行为。债务人以明显不合理的低价转让财产，对债权人造成损害，并且受让人知道该情形的，债权人也可以请求人民法院撤销债务人的行为。

撤销权的行使范围以债权人的债权为限。债权人行使撤销权的必要费用，由债务人负担。

第七十五条 撤销权自债权人知道或者应当知道撤销事由之日起一年内行使。自债务人的行为发生之日起五年内没有行使撤销权的，该撤销权消灭。

第七十六条 合同生效后，当事人不得因姓名、名称的变更或者法定代表人、负责人、承办人的变动而不履行合同义务。

第五章 合同的变更和转让

第七十七条 当事人协商一致，可以变更合同。

法律、行政法规规定变更合同应当办理批准、登记等手续的，依照其规定。

第七十八条 当事人对合同变更的内容约定不明确的，推定为未变更。

第七十九条 债权人可以将合同的权利全部或者部分转让给第三人，但有下列情形之一的除外：

(一)根据合同性质不得转让；

(二)按照当事人约定不得转让；

(三)依照法律规定不得转让。

第八十条 债权人转让权利的，应当通知债务人。未经通知，该转让对债务人不发生效力。

债权人转让权利的通知不得撤销，但经受让人同意的除外。

第八十一条 债权人转让权利的，受让人取得与债权有关的从权利，但该从权利专属于债权人自身的除外。

第八十二条 债务人接到债权转让通知后，债务人对让与人的抗辩，可以向受让人主张。

第八十三条 债务人接到债权转让通知时，债务人对让与人享有债权，并且债务人的债权先于转让的债权到期或者同时到期的，债务人可以向受让人主张抵销。

第八十四条 债务人将合同的义务全部或者部分转移给第三人的，应当经债权人同意。

第八十五条 债务人转移义务的，新债务人可以主张原债务人对债权人的抗辩。

第八十六条 债务人转移义务的，新债务人应当承担与主债务有关的从债务，但该从债务专属于原债务人自身的除外。

第八十七条 法律、行政法规规定转让权利或者转移义务应当办理批准、登记等手续的，依照其规定。

第八十八条 当事人一方经对方同意，可以将自己在合同中的权利和义务一并转让给第三人。

第八十九条　权利和义务一并转让的,适用本法第七十九条、第八十一条至第八十三条、第八十五条至第八十七条的规定。

第九十条　当事人订立合同后合并的,由合并后的法人或者其他组织行使合同权利,履行合同义务。当事人订立合同后分立的,除债权人和债务人另有约定的以外,由分立的法人或者其他组织对合同的权利和义务享有连带债权,承担连带债务。

第六章　合同的权利义务终止

第九十一条　有下列情形之一的,合同的权利义务终止:

(一)债务已经按照约定履行;

(二)合同解除;

(三)债务相互抵销;

(四)债务人依法将标的物提存;

(五)债权人免除债务;

(六)债权债务同归于一人;

(七)法律规定或者当事人约定终止的其他情形。

第九十二条　合同的权利义务终止后,当事人应当遵循诚实信用原则,根据交易习惯履行通知、协助、保密等义务。

第九十三条　当事人协商一致,可以解除合同。

当事人可以约定一方解除合同的条件。解除合同的条件成就时,解除权人可以解除合同。

第九十四条　有下列情形之一的,当事人可以解除合同:

(一)因不可抗力致使不能实现合同目的;

(二)在履行期限届满之前,当事人一方明确表示或者以自己的行为表明不履行主要债务;

(三)当事人一方迟延履行主要债务,经催告后在合理期限内仍未履行;

(四)当事人一方迟延履行债务或者有其他违约行为致使不能实现合同目的;

(五)法律规定的其他情形。

第九十五条 法律规定或者当事人约定解除权行使期限,期限届满当事人不行使的,该权利消灭。

法律没有规定或者当事人没有约定解除权行使期限,经对方催告后在合理期限内不行使的,该权利消灭。

第九十六条 当事人一方依照本法第九十三条第二款、第九十四条的规定主张解除合同的,应当通知对方。合同自通知到达对方时解除。对方有异议的,可以请求人民法院或者仲裁机构确认解除合同的效力。

法律、行政法规规定解除合同应当办理批准、登记等手续的,依照其规定。

第九十七条 合同解除后,尚未履行的,终止履行;已经履行的,根据履行情况和合同性质,当事人可以要求恢复原状、采取其他补救措施,并有权要求赔偿损失。

第九十八条 合同的权利义务终止,不影响合同中结算和清理条款的效力。

第九十九条 当事人互负到期债务,该债务的标的物种类、品质相同的,任何一方可以将自己的债务与对方的债务抵销,但依照法律规定或者按照合同性质不得抵销的除外。

当事人主张抵销的,应当通知对方。通知自到达对方时生效。抵销不得附条件或者附期限。

第一百条 当事人互负债务,标的物种类、品质不相同的,经双方协商一致,也可以抵销。

第一百零一条 有下列情形之一,难以履行债务的,债务人可以将标的物提存:

(一)债权人无正当理由拒绝受领;

(二)债权人下落不明;

(三)债权人死亡未确定继承人或者丧失民事行为能力未确定监护人;

(四)法律规定的其他情形。

标的物不适于提存或者提存费用过高的, 债务人依法可以拍卖或者变卖标的物,提存所得的价款。

第一百零二条 标的物提存后,除债权人下落不明的以外,债务人应当及时通知债权人或者债权人的继承人、监护人。

第一百零三条 标的物提存后,毁损、灭失的风险由债权人承担。提存期间,标的物的孳息归债权人所有。提存费用由债权人负担。

第一百零四条 债权人可以随时领取提存物,但债权人对债务人负有到期债务的,在债权人未履行债务或者提供担保之前,提存部门根据债务人的要求应当拒绝其领取提存物。

债权人领取提存物的权利,自提存之日起五年内不行使而消灭,提存物扣除提存费用后归国家所有。

第一百零五条 债权人免除债务人部分或者全部债务的, 合同的权利义务部分或者全部终止。

第一百零六条 债权和债务同归于一人的,合同的权利义务终止,但涉及第三人利益的除外。

第七章 违约责任

第一百零七条 当事人一方不履行合同义务或者履行合同义务不

符合约定的,应当承担继续履行、采取补救措施或者赔偿损失等违约责任。

第一百零八条 当事人一方明确表示或者以自己的行为表明不履行合同义务的,对方可以在履行期限届满之前要求其承担违约责任。

第一百零九条 当事人一方未支付价款或者报酬的,对方可以要求其支付价款或者报酬。

第一百一十条 当事人一方不履行非金钱债务或者履行非金钱债务不符合约定的,对方可以要求履行,但有下列情形之一的除外:

(一)法律上或者事实上不能履行;

(二)债务的标的不适于强制履行或者履行费用过高;

(三)债权人在合理期限内未要求履行。

第一百一十一条 质量不符合约定的,应当按照当事人的约定承担违约责任。对违约责任没有约定或者约定不明确,依照本法第六十一条的规定仍不能确定的,受损害方根据标的的性质以及损失的大小,可以合理选择要求对方承担修理、更换、重作、退货、减少价款或者报酬等违约责任。

第一百一十二条 当事人一方不履行合同义务或者履行合同义务不符合约定的,在履行义务或者采取补救措施后,对方还有其他损失的,应当赔偿损失。

第一百一十三条 当事人一方不履行合同义务或者履行合同义务不符合约定,给对方造成损失的,损失赔偿额应当相当于因违约所造成的损失,包括合同履行后可以获得的利益,但不得超过违反合同一方订立合同时预见到或者应当预见到的因违反合同可能造成的损失。

经营者对消费者提供商品或者服务有欺诈行为的,依照《中华人民共和国消费者权益保护法》的规定承担损害赔偿责任。

第一百一十四条 当事人可以约定一方违约时应当根据违约情况

向对方支付一定数额的违约金，也可以约定因违约产生的损失赔偿额的计算方法。

约定的违约金低于造成的损失的，当事人可以请求人民法院或者仲裁机构予以增加；约定的违约金过分高于造成的损失的，当事人可以请求人民法院或者仲裁机构予以适当减少。

当事人就迟延履行约定违约金的，违约方支付违约金后，还应当履行债务。

第一百一十五条 当事人可以依照《中华人民共和国担保法》约定一方向对方给付定金作为债权的担保。债务人履行债务后，定金应当抵作价款或者收回。给付定金的一方不履行约定的债务的，无权要求返还定金；收受定金的一方不履行约定的债务的，应当双倍返还定金。

第一百一十六条 当事人既约定违约金，又约定定金的，一方违约时，对方可以选择适用违约金或者定金条款。

第一百一十七条 因不可抗力不能履行合同的，根据不可抗力的影响，部分或者全部免除责任，但法律另有规定的除外。当事人迟延履行后发生不可抗力的，不能免除责任。

本法所称不可抗力，是指不能预见、不能避免并不能克服的客观情况。

第一百一十八条 当事人一方因不可抗力不能履行合同的，应当及时通知对方，以减轻可能给对方造成的损失，并应当在合理期限内提供证明。

第一百一十九条 当事人一方违约后，对方应当采取适当措施防止损失的扩大；没有采取适当措施致使损失扩大的，不得就扩大的损失要求赔偿。

当事人因防止损失扩大而支出的合理费用，由违约方承担。

第一百二十条 当事人双方都违反合同的，应当各自承担相应的责任。

第一百二十一条 当事人一方因第三人的原因造成违约的，应当向对方承担违约责任。当事人一方和第三人之间的纠纷，依照法律规定或者按照约定解决。

第一百二十二条 因当事人一方的违约行为，侵害对方人身、财产权益的，受损害方有权选择依照本法要求其承担违约责任或者依照其他法律要求其承担侵权责任。

第八章 其他规定

第一百二十三条 其他法律对合同另有规定的，依照其规定。

第一百二十四条 本法分则或者其他法律没有明文规定的合同，适用本法总则的规定，并可以参照本法分则或者其他法律最相类似的规定。

第一百二十五条 当事人对合同条款的理解有争议的，应当按照合同所使用的词句、合同的有关条款、合同的目的、交易习惯以及诚实信用原则，确定该条款的真实意思。

合同文本采用两种以上文字订立并约定具有同等效力的，对各文本使用的词句推定具有相同含义。各文本使用的词句不一致的，应当根据合同的目的予以解释。

第一百二十六条 涉外合同的当事人可以选择处理合同争议所适用的法律，但法律另有规定的除外。涉外合同的当事人没有选择的，适用与合同有最密切联系的国家的法律。

在中华人民共和国境内履行的中外合资经营企业合同、中外合作经营企业合同、中外合作勘探开发自然资源合同，适用中华人民共和国法律。

第一百二十七条 工商行政管理部门和其他有关行政主管部门在

各自的职权范围内,依照法律、行政法规的规定,对利用合同危害国家利益、社会公共利益的违法行为,负责监督处理;构成犯罪的,依法追究刑事责任。

第一百二十八条 当事人可以通过和解或者调解解决合同争议。

当事人不愿和解、调解或者和解、调解不成的,可以根据仲裁协议向仲裁机构申请仲裁。涉外合同的当事人可以根据仲裁协议向中国仲裁机构或者其他仲裁机构申请仲裁。当事人没有订立仲裁协议或者仲裁协议无效的,可以向人民法院起诉。当事人应当履行发生法律效力的判决、仲裁裁决、调解书;拒不履行的,对方可以请求人民法院执行。

第一百二十九条 因国际货物买卖合同和技术进出口合同争议提起诉讼或者申请仲裁的期限为四年,自当事人知道或者应当知道其权利受到侵害之日起计算。因其他合同争议提起诉讼或者申请仲裁的期限,依照有关法律的规定。

分 则

第九章 买卖合同

第一百三十条 买卖合同是出卖人转移标的物的所有权于买受人,买受人支付价款的合同。

第一百三十一条 买卖合同的内容除依照本法第十二条的规定以外,还可以包括包装方式、检验标准和方法、结算方式、合同使用的文字及其效力等条款。

第一百三十二条 出卖的标的物,应当属于出卖人所有或者出卖人有权处分。

法律、行政法规禁止或者限制转让的标的物,依照其规定。

第一百三十三条 标的物的所有权自标的物交付时起转移,但法

律另有规定或者当事人另有约定的除外

第一百三十四条 当事人可以在买卖合同中约定买受人未履行支付价款或者其他义务的,标的物的所有权属于出卖人。

第一百三十五条 出卖人应当履行向买受人交付标的物或者交付提取标的物的单证,并转移标的物所有权的义务。

第一百三十六条 出卖人应当按照约定或者交易习惯向买受人交付提取标的物单证以外的有关单证和资料。

第一百三十七条 出卖具有知识产权的计算机软件等标的物的,除法律另有规定或者当事人另有约定的以外,该标的物的知识产权不属于买受人。

第一百三十八条 出卖人应当按照约定的期限交付标的物。约定交付期间的,出卖人可以在该交付期间内的任何时间交付。

第一百三十九条 当事人没有约定标的物的交付期限或者约定不明确的,适用本法第六十一条、第六十二条第四项的规定。

第一百四十条 标的物在订立合同之前已为买受人占有的,合同生效的时间为交付时间。

第一百四十一条 出卖人应当按照约定的地点交付标的物。

当事人没有约定交付地点或者约定不明确,依照本法第六十一条的规定仍不能确定的,适用下列规定:

(一)标的物需要运输的,出卖人应当将标的物交付给第一承运人以运交给买受人;

(二)标的物不需要运输,出卖人和买受人订立合同时知道标的物在某一地点的,出卖人应当在该地点交付标的物;不知道标的物在某一地点的,应当在出卖人订立合同时的营业地交付标的物。

第一百四十二条 标的物毁损、灭失的风险,在标的物交付之前由出卖人承担,交付之后由买受人承担,但法律另有规定或者当事人另有约定的除外。

第一百四十三条 因买受人的原因致使标的物不能按照约定的期限交付的,买受人应当自违反约定之日起承担标的物毁损、灭失的风险。

第一百四十四条 出卖人出卖交由承运人运输的在途标的物,除当事人另有约定的以外,毁损、灭失的风险自合同成立时起由买受人承担。

第一百四十五条 当事人没有约定交付地点或者约定不明确,依照本法第一百四十一条第二款第一项的规定标的物需要运输的,出卖人将标的物交付给第一承运人后,标的物毁损、灭失的风险由买受人承担。

第一百四十六条 出卖人按照约定或者依照本法第一百四十一条第二款第二项的规定将标的物置于交付地点,买受人违反约定没有收取的,标的物毁损、灭失的风险自违反约定之日起由买受人承担。

第一百四十七条 出卖人按照约定未交付有关标的物的单证和资料的,不影响标的物毁损、灭失风险的转移。

第一百四十八条 因标的物质量不符合质量要求,致使不能实现合同目的的,买受人可以拒绝接受标的物或者解除合同。买受人拒绝接受标的物或者解除合同的,标的物毁损、灭失的风险由出卖人承担。

第一百四十九条 标的物毁损、灭失的风险由买受人承担的,不影响因出卖人履行债务不符合约定,买受人要求其承担违约责任的权利。

第一百五十条 出卖人就交付的标的物,负有保证第三人不得向买受人主张任何权利的义务,但法律另有规定的除外。

第一百五十一条 买受人订立合同时知道或者应当知道第三人对买卖的标的物享有权利的,出卖人不承担本法第一百五十条规定的义务。

第一百五十二条 买受人有确切证据证明第三人可能就标的物主张权利的,可以中止支付相应的价款,但出卖人提供适当担保的除外。

第一百五十三条 出卖人应当按照约定的质量要求交付标的物。出卖人提供有关标的物质量说明的，交付的标的物应当符合该说明的质量要求。

第一百五十四条 当事人对标的物的质量要求没有约定或者约定不明确,依照本法第六十一条的规定仍不能确定的,适用本法第六十二条第一项的规定。

第一百五十五条 出卖人交付的标的物不符合质量要求的，买受人可以依照本法第一百一十一条的规定要求承担违约责任。

第一百五十六条 出卖人应当按照约定的包装方式交付标的物。对包装方式没有约定或者约定不明确，依照本法第六十一条的规定仍不能确定的,应当按照通用的方式包装,没有通用方式的,应当采取足以保护标的物的包装方式。

第一百五十七条 买受人收到标的物时应当在约定的检验期间内检验。没有约定检验期间的,应当及时检验。

第一百五十八条 当事人约定检验期间的，买受人应当在检验期间内将标的物的数量或者质量不符合约定的情形通知出卖人。买受人怠于通知的,视为标的物的数量或者质量符合约定。

当事人没有约定检验期间的，买受人应当在发现或者应当发现标的物的数量或者质量不符合约定的合理期间内通知出卖人。买受人在合理期间内未通知或者自标的物收到之日起两年内未通知出卖人的,视为标的物的数量或者质量符合约定,但对标的物有质量保证期的,适用质量保证期,不适用该两年的规定。

出卖人知道或者应当知道提供的标的物不符合约定的，买受人不受前两款规定的通知时间的限制。

第一百五十九条 买受人应当按照约定的数额支付价款。对价款没有约定或者约定不明确的,适用本法第六十一条、第六十二条第二项的规定。

第一百六十条 买受人应当按照约定的地点支付价款。对支付地点没有约定或者约定不明确，依照本法第六十一条的规定仍不能确定的，买受人应当在出卖人的营业地支付，但约定支付价款以交付标的物或者交付提取标的物单证为条件的，在交付标的物或者交付提取标的物单证的所在地支付。

第一百六十一条 买受人应当按照约定的时间支付价款。对支付时间没有约定或者约定不明确，依照本法第六十一条的规定仍不能确定的，买受人应当在收到标的物或者提取标的物单证的同时支付。

第一百六十二条 出卖人多交标的物的，买受人可以接收或者拒绝接收多交的部分。买受人接收多交部分的，按照合同的价格支付价款；买受人拒绝接收多交部分的，应当及时通知出卖人。

第一百六十三条 标的物在交付之前产生的孳息，归出卖人所有，交付之后产生的孳息，归买受人所有

第一百六十四条 因标的物的主物不符合约定而解除合同的，解除合同的效力及于从物。因标的物的从物不符合约定被解除的，解除的效力不及于主物。

第一百六十五条 标的物为数物，其中一物不符合约定的，买受人可以就该物解除，但该物与他物分离使标的物的价值显受损害的，当事人可以就数物解除合同。

第一百六十六条 出卖人分批交付标的物的，出卖人对其中一批标的物不交付或者交付不符合约定，致使该批标的物不能实现合同目的的，买受人可以就该批标的物解除。

出卖人不交付其中一批标的物或者交付不符合约定，致使今后其他各批标的物的交付不能实现合同目的的，买受人可以就该批以及今后其他各批标的物解除。

买受人如果就其中一批标的物解除，该批标的物与其他各批标的

物相互依存的,可以就已经交付和未交付的各批标的物解除。

第一百六十七条　分期付款的买受人未支付到期价款的金额达到全部价款的五分之一的,出卖人可以要求买受人支付全部价款或者解除合同。

出卖人解除合同的,可以向买受人要求支付该标的物的使用费。

第一百六十八条　凭样品买卖的当事人应当封存样品,并可以对样品质量予以说明。出卖人交付的标的物应当与样品及其说明的质量相同。

第一百六十九条　凭样品买卖的买受人不知道样品有隐蔽瑕疵的,即使交付的标的物与样品相同,出卖人交付的标的物的质量仍然应当符合同种物的通常标准。

第一百七十条　试用买卖的当事人可以约定标的物的试用期间。对试用期间没有约定或者约定不明确,依照本法第六十一条的规定仍不能确定的,由出卖人确定。

第一百七十一条　试用买卖的买受人在试用期内可以购买标的物,也可以拒绝购买。试用期间届满,买受人对是否购买标的物未作表示的,视为购买。

第一百七十二条　招标投标买卖的当事人的权利和义务以及招标投标程序等,依照有关法律、行政法规的规定。

第一百七十三条　拍卖的当事人的权利和义务以及拍卖程序等,依照有关法律、行政法规的规定。

第一百七十四条　法律对其他有偿合同有规定的,依照其规定;没有规定的,参照买卖合同的有关规定

第一百七十五条　当事人约定易货交易,转移标的物的所有权的,参照买卖合同的有关规定。

第十章 供用电、水、气、热力合同

第一百七十六条 供用电合同是供电人向用电人供电,用电人支付电费的合同。

第一百七十七条 供用电合同的内容包括供电的方式、质量、时间,用电容量、地址、性质,计量方式,电价、电费的结算方式,供用电设施的维护责任等条款。

第一百七十八条 供用电合同的履行地点,按照当事人约定;当事人没有约定或者约定不明确的,供电设施的产权分界处为履行地点。

第一百七十九条 供电人应当按照国家规定的供电质量标准和约定安全供电。供电人未按照国家规定的供电质量标准和约定安全供电,造成用电人损失的,应当承担损害赔偿责任。

第一百八十条 供电人因供电设施计划检修、临时检修、依法限电或者用电人违法用电等原因,需要中断供电时,应当按照国家有关规定事先通知用电人。未事先通知用电人中断供电,造成用电人损失的,应当承担损害赔偿责任。

第一百八十一条 因自然灾害等原因断电,供电人应当按照国家有关规定及时抢修。未及时抢修,造成用电人损失的,应当承担损害赔偿责任。

第一百八十二条 用电人应当按照国家有关规定和当事人的约定及时交付电费。用电人逾期不交付电费的,应当按照约定支付违约金。经催告用电人在合理期限内仍不交付电费和违约金的,供电人可以按照国家规定的程序中止供电。

第一百八十三条 用电人应当按照国家有关规定和当事人的约定安全用电。用电人未按照国家有关规定和当事人的约定安全用电,造成供电人损失的,应当承担损害赔偿责任。

第一百八十四条 供用水、供用气、供用热力合同,参照供用电合同的有关规定。

第十一章 赠与合同

第一百八十五条 赠与合同是赠与人将自己的财产无偿给予受赠人,受赠人表示接受赠与的合同。

第一百八十六条 赠与人在赠与财产的权利转移之前可以撤销赠与。

具有救灾、扶贫等社会公益、道德义务性质的赠与合同或者经过公证的赠与合同,不适用前款规定。

第一百八十七条 赠与的财产依法需要办理登记等手续的,应当办理有关手续。

第一百八十八条 具有救灾、扶贫等社会公益、道德义务性质的赠与合同或者经过公证的赠与合同,赠与人不交付赠与的财产的,受赠人可以要求交付。

第一百八十九条 因赠与人故意或者重大过失致使赠与的财产毁损、灭失的,赠与人应当承担损害赔偿责任。

第一百九十条 赠与可以附义务。

赠与附义务的,受赠人应当按照约定履行义务。

第一百九十一条 赠与的财产有瑕疵的,赠与人不承担责任。附义务的赠与,赠与的财产有瑕疵的,赠与人在附义务的限度内承担与出卖人相同的责任。

赠与人故意不告知瑕疵或者保证无瑕疵,造成受赠人损失的,应当承担损害赔偿责任。

第一百九十二条 受赠人有下列情形之一的,赠与人可以撤销赠与:

(一)严重侵害赠与人或者赠与人的近亲属;

（二）对赠与人有扶养义务而不履行；

（三）不履行赠与合同约定的义务。

赠与人的撤销权，自知道或者应当知道撤销原因之日起一年内行使。

第一百九十三条 因受赠人的违法行为致使赠与人死亡或者丧失民事行为能力的，赠与人的继承人或者法定代理人可以撤销赠与。

赠与人的继承人或者法定代理人的撤销权，自知道或者应当知道撤销原因之日起六个月内行使。

第一百九十四条 撤销权人撤销赠与的，可以向受赠人要求返还赠与的财产。

第一百九十五条 赠与人的经济状况显著恶化，严重影响其生产经营或者家庭生活的，可以不再履行赠与义务。

第十二章　借款合同

第一百九十六条 借款合同是借款人向贷款人借款，到期返还借款并支付利息的合同。

第一百九十七条 借款合同采用书面形式，但自然人之间借款另有约定的除外。借款合同的内容包括借款种类、币种、用途、数额、利率、期限和还款方式等条款。

第一百九十八条 订立借款合同，贷款人可以要求借款人提供担保。担保依照《中华人民共和国担保法》的规定。

第一百九十九条 订立借款合同，借款人应当按照贷款人的要求提供与借款有关的业务活动和财务状况的真实情况。

第二百条 借款的利息不得预先在本金中扣除。利息预先在本金中扣除的，应当按照实际借款数额返还借款并计算利息。

第二百零一条 贷款人未按照约定的日期、数额提供借款，造成借款人损失的,应当赔偿损失。

借款人未按照约定的日期、数额收取借款的,应当按照约定的日期、数额支付利息。

第二百零二条 贷款人按照约定可以检查、监督借款的使用情况。借款人应当按照约定向贷款人定期提供有关财务会计报表等资料。

第二百零三条 借款人未按照约定的借款用途使用借款的,贷款人可以停止发放借款、提前收回借款或者解除合同。

二百零四条 办理贷款业务的金融机构贷款的利率,应当按照中国人民银行规定的贷款利率的上下限确定。

第二百零五条 借款人应当按照约定的期限支付利息。对支付利息的期限没有约定或者约定不明确,依照本法第六十一条的规定仍不能确定,借款期间不满一年的,应当在返还借款时一并支付;借款期间一年以上的,应当在每届满一年时支付,剩余期间不满一年的,应当在返还借款时一并支付。

第二百零六条 借款人应当按照约定的期限返还借款。对借款期限没有约定或者约定不明确,依照本法第六十一条的规定仍不能确定的,借款人可以随时返还;贷款人可以催告借款人在合理期限内返还。

第二百零七条 借款人未按照约定的期限返还借款的,应当按照约定或者国家有关规定支付逾期利息。

第二百零八条 借款人提前偿还借款的,除当事人另有约定的以外,应当按照实际借款的期间计算利息

第二百零九条 借款人可以在还款期限届满之前向贷款人申请展期。贷款人同意的,可以展期。

第二百一十条 自然人之间的借款合同,自贷款人提供借款时生效。

第二百一十一条 自然人之间的借款合同对支付利息没有约定或者约定不明确的,视为不支付利息。

自然人之间的借款合同约定支付利息的，借款的利率不得违反国家有关限制借款利率的规定。

第十三章　租赁合同

第二百一十二条　租赁合同是出租人将租赁物交付承租人使用、收益，承租人支付租金的合同。

第二百一十三条　租赁合同的内容包括租赁物的名称、数量、用途、租赁期限、租金及其支付期限和方式、租赁物维修等条款。

第二百一十四条　租赁期限不得超过二十年。超过二十年的，超过部分无效。租赁期间届满，当事人可以续订租赁合同，但约定的租赁期限自续订之日起不得超过二十年。

第二百一十五条　租赁期限六个月以上的，应当采用书面形式。当事人未采用书面形式的，视为不定期租赁。

第二百一十六条　出租人应当按照约定将租赁物交付承租人，并在租赁期间保持租赁物符合约定的用途

第二百一十七条　承租人应当按照约定的方法使用租赁物。对租赁物的使用方法没有约定或者约定不明确，依照本法第六十一条的规定仍不能确定的，应当按照租赁物的性质使用。

第二百一十八条　承租人按照约定的方法或者租赁物的性质使用租赁物，致使租赁物受到损耗的，不承担损害赔偿责任。

第二百一十九条　承租人未按照约定的方法或者租赁物的性质使用租赁物，致使租赁物受到损失的，出租人可以解除合同并要求赔偿损失。

第二百二十条　出租人应当履行租赁物的维修义务，但当事人另有约定的除外。

第二百二十一条　承租人在租赁物需要维修时可以要求出租人在

合理期限内维修。出租人未履行维修义务的,承租人可以自行维修,维修费用由出租人负担。因维修租赁物影响承租人使用的,应当相应减少租金或者延长租期。

第二百二十二条 承租人应当妥善保管租赁物,因保管不善造成租赁物毁损、灭失的,应当承担损害赔偿责任。

第二百二十三条 承租人经出租人同意,可以对租赁物进行改善或者增设他物。

承租人未经出租人同意,对租赁物进行改善或者增设他物的,出租人可以要求承租人恢复原状或者赔偿损失。

第二百二十四条 承租人经出租人同意,可以将租赁物转租给第三人。承租人转租的,承租人与出租人之间的租赁合同继续有效,第三人对租赁物造成损失的,承租人应当赔偿损失。承租人未经出租人同意转租的,出租人可以解除合同。

第二百二十五条 在租赁期间因占有、使用租赁物获得的收益,归承租人所有,但当事人另有约定的除外。

第二百二十六条 承租人应当按照约定的期限支付租金。对支付期限没有约定或者约定不明确,依照本法第六十一条的规定仍不能确定,租赁期间不满一年的,应当在租赁期间届满时支付;租赁期间一年以上的,应当在每届满一年时支付,剩余期间不满一年的,应当在租赁期间届满时支付。

第二百二十七条 承租人无正当理由未支付或者迟延支付租金的,出租人可以要求承租人在合理期限内支付。承租人逾期不支付的,出租人可以解除合同。

第二百二十八条 因第三人主张权利,致使承租人不能对租赁物使用、收益的,承租人可以要求减少租金或者不支付租金。

第三人主张权利的,承租人应当及时通知出租人。

第二百二十九条 租赁物在租赁期间发生所有权变动的,不影响租赁合同的效力。

第二百三十条 出租人出卖租赁房屋的，应当在出卖之前的合理期限内通知承租人，承租人享有以同等条件优先购买的权利。

第二百三十一条 因不可归责于承租人的事由，致使租赁物部分或者全部毁损、灭失的，承租人可以要求减少租金或者不支付租金；因租赁物部分或者全部毁损、灭失，致使不能实现合同目的的，承租人可以解除合同。

第二百三十二条 当事人对租赁期限没有约定或者约定不明确，依照本法第六十一条的规定仍不能确定的，视为不定期租赁。当事人可以随时解除合同，但出租人解除合同应当在合理期限之前通知承租人。

第二百三十三条 租赁物危及承租人的安全或者健康的，即使承租人订立合同时明知该租赁物质量不合格，承租人仍然可以随时解除合同。

第二百三十四条 承租人在房屋租赁期间死亡的，与其生前共同居住的人可以按照原租赁合同租赁该房屋。

第二百三十五条 租赁期间届满，承租人应当返还租赁物。返还的租赁物应当符合按照约定或者租赁物的性质使用后的状态。

第二百三十六条 租赁期间届满，承租人继续使用租赁物，出租人没有提出异议的，原租赁合同继续有效，但租赁期限为不定期。

第十四章　融资租赁合同

第二百三十七条 融资租赁合同是出租人根据承租人对出卖人、租赁物的选择，向出卖人购买租赁物，提供给承租人使用，承租人支付租金的合同。

第二百三十八条 融资租赁合同的内容包括租赁物名称、数量、规格、技术性能、检验方法、租赁期限、租金构成及其支付期限和方式、币种、租赁期间届满租赁物的归属等条款。

融资租赁合同应当采用书面形式。

第二百三十九条 出租人根据承租人对出卖人、租赁物的选择订立的买卖合同,出卖人应当按照约定向承租人交付标的物,承租人享有与受领标的物有关的买受人的权利。

第二百四十条 出租人、出卖人、承租人可以约定,出卖人不履行买卖合同义务的,由承租人行使索赔的权利。承租人行使索赔权利的,出租人应当协助。

第二百四十一条 出租人根据承租人对出卖人、租赁物的选择订立的买卖合同,未经承租人同意,出租人不得变更与承租人有关的合同内容。

第二百四十二条 出租人享有租赁物的所有权。承租人破产的,租赁物不属于破产财产。

第二百四十三条 融资租赁合同的租金,除当事人另有约定的以外,应当根据购买租赁物的大部分或者全部成本以及出租人的合理利润确定。

第二百四十四条 租赁物不符合约定或者不符合使用目的的,出租人不承担责任,但承租人依赖出租人的技能确定租赁物或者出租人干预选择租赁物的除外。

第二百四十五条 出租人应当保证承租人对租赁物的占有和使用。

第二百四十六条 承租人占有租赁物期间,租赁物造成第三人的人身伤害或者财产损害的,出租人不承担责任。

第二百四十七条 承租人应当妥善保管、使用租赁物。承租人应当履行占有租赁物期间的维修义务。

第二百四十八条 承租人应当按照约定支付租金。承租人经催告后在合理期限内仍不支付租金的,出租人可以要求支付全部租金;也可以解除合同,收回租赁物。

第二百四十九条 当事人约定租赁期间届满租赁物归承租人所有,承租人已经支付大部分租金,但无力支付剩余租金,出租人因此解除合同收回租赁物的, 收回的租赁物的价值超过承租人欠付的租金以及其他费用的,承租人可以要求部分返还。

第二百五十条 出租人和承租人可以约定租赁期间届满租赁物的归属。对租赁物的归属没有约定或者约定不明确,依照本法第六十一条的规定仍不能确定的,租赁物的所有权归出租人。

第十五章　承揽合同

第二百五十一条 承揽合同是承揽人按照定作人的要求完成工作,交付工作成果,定作人给付报酬的合同。

承揽包括加工、定作、修理、复制、测试、检验等工作。

第二百五十二条 承揽合同的内容包括承揽的标的、数量、质量、报酬、承揽方式、材料的提供、履行期限、验收标准和方法等条款。

第二百五十三条 承揽人应当以自己的设备、技术和劳力,完成主要工作,但当事人另有约定的除外。

承揽人将其承揽的主要工作交由第三人完成的, 应当就该第三人完成的工作成果向定作人负责;未经定作人同意的,定作人也可以解除合同。

第二百五十四条 承揽人可以将其承揽的辅助工作交由第三人完成。承揽人将其承揽的辅助工作交由第三人完成的,应当就该第三人完成的工作成果向定作人负责。

第二百五十五条 承揽人提供材料的,承揽人应当按照约定选用材料,并接受定作人检验。

第二百五十六条 定作人提供材料的, 定作人应当按照约定提供材料。承揽人对定作人提供的材料,应当及时检验,发现不符合约定时,应当及时通知定作人更换、补齐或者采取其他补救措施。

承揽人不得擅自更换定作人提供的材料,不得更换不需要修理的零部件。

第二百五十七条 承揽人发现定作人提供的图纸或者技术要求不合理的,应当及时通知定作人。因定作人怠于答复等原因造成承揽人损失的,应当赔偿损失。

第二百五十八条 定作人中途变更承揽工作的要求,造成承揽人损失的,应当赔偿损失。

第二百五十九条 承揽工作需要定作人协助的,定作人有协助的义务。定作人不履行协助义务致使承揽工作不能完成的,承揽人可以催告定作人在合理期限内履行义务,并可以顺延履行期限;定作人逾期不履行的,承揽人可以解除合同。

第二百六十条 承揽人在工作期间,应当接受定作人必要的监督检验。定作人不得因监督检验妨碍承揽人的正常工作。

第二百六十一条 承揽人完成工作的,应当向定作人交付工作成果,并提交必要的技术资料和有关质量证明。定作人应当验收该工作成果。

第二百六十二条 承揽人交付的工作成果不符合质量要求的,定作人可以要求承揽人承担修理、重作、减少报酬、赔偿损失等违约责任。

第二百六十三条 定作人应当按照约定的期限支付报酬。对支付报酬的期限没有约定或者约定不明确,依照本法第六十一条的规定仍不能确定的,定作人应当在承揽人交付工作成果时支付;工作成果部分交付的,定作人应当相应支付。

第二百六十四条 定作人未向承揽人支付报酬或者材料费等价款的,承揽人对完成的工作成果享有留置权,但当事人另有约定的除外。

第二百六十五条 承揽人应当妥善保管定作人提供的材料以及完

成的工作成果,因保管不善造成毁损、灭失的,应当承担损害赔偿责任。

第二百六十六条 承揽人应当按照定作人的要求保守秘密,未经定作人许可,不得留存复制品或者技术资料。

第二百六十七条 共同承揽人对定作人承担连带责任,但当事人另有约定的除外。

第二百六十八条 定作人可以随时解除承揽合同,造成承揽人损失的,应当赔偿损失。

第十六章　建设工程合同

第二百六十九条 建设工程合同是承包人进行工程建设,发包人支付价款的合同。建设工程合同包括工程勘察、设计、施工合同。

第二百七十条 建设工程合同应当采用书面形式。

第二百七十一条 建设工程的招标投标活动,应当依照有关法律的规定公开、公平、公正进行。

第二百七十二条 发包人可以与总承包人订立建设工程合同,也可以分别与勘察人、设计人、施工人订立勘察、设计、施工承包合同。发包人不得将应当由一个承包人完成的建设工程肢解成若干部分发包给几个承包人。

总承包人或者勘察、设计、施工承包人经发包人同意,可以将自己承包的部分工作交由第三人完成。第三人就其完成的工作成果与总承包人或者勘察、设计、施工承包人向发包人承担连带责任。承包人不得将其承包的全部建设工程转包给第三人或者将其承包的全部建设工程肢解以后以分包的名义分别转包给第三人。

禁止承包人将工程分包给不具备相应资质条件的单位。禁止分包单位将其承包的工程再分包。建设工程主体结构的施工必须由承包人自行完成。

第二百七十三条　国家重大建设工程合同，应当按照国家规定的程序和国家批准的投资计划、可行性研究报告等文件订立。

第二百七十四条　勘察、设计合同的内容包括提交有关基础资料和文件（包括概预算）的期限、质量要求、费用以及其他协作条件等条款。

第二百七十五条　施工合同的内容包括工程范围、建设工期、中间交工工程的开工和竣工时间、工程质量、工程造价、技术资料交付时间、材料和设备供应责任、拨款和结算、竣工验收、质量保修范围和质量保证期、双方相互协作等条款。

第二百七十六条　建设工程实行监理的，发包人应当与监理人采用书面形式订立委托监理合同。发包人与监理人的权利和义务以及法律责任，应当依照本法委托合同以及其他有关法律、行政法规的规定。

第二百七十七条　发包人在不妨碍承包人正常作业的情况下，可以随时对作业进度、质量进行检查。

第二百七十八条　隐蔽工程在隐蔽以前，承包人应当通知发包人检查。发包人没有及时检查的，承包人可以顺延工程日期，并有权要求赔偿停工、窝工等损失。

第二百七十九条　建设工程竣工后，发包人应当根据施工图纸及说明书、国家颁发的施工验收规范和质量检验标准及时进行验收。验收合格的，发包人应当按照约定支付价款，并接收该建设工程。建设工程竣工经验收合格后，方可交付使用；未经验收或者验收不合格的，不得交付使用。

第二百八十条　勘察、设计的质量不符合要求或者未按照期限提交勘察、设计文件拖延工期，造成发包人损失的，勘察人、设计人应当继续完善勘察、设计，减收或者免收勘察、设计费并赔偿损失。

第二百八十一条　因施工人的原因致使建设工程质量不符合约定的，发包人有权要求施工人在合理期限内无偿修理或者返工、改建。经过修理或者返工、改建后,造成逾期交付的,施工人应当承担违约责任。

第二百八十二条 因承包人的原因致使建设工程在合理使用期限内造成人身和财产损害的,承包人应当承担损害赔偿责任。

第二百八十三条 发包人未按照约定的时间和要求提供原材料、设备、场地、资金、技术资料的,承包人可以顺延工程日期,并有权要求赔偿停工、窝工等损失。

第二百八十四条 因发包人的原因致使工程中途停建、缓建的,发包人应当采取措施弥补或者减少损失,赔偿承包人因此造成的停工、窝工、倒运、机械设备调迁、材料和构件积压等损失和实际费用。

第二百八十五条 因发包人变更计划,提供的资料不准确,或者未按照期限提供必需的勘察、设计工作条件而造成勘察、设计的返工、停工或者修改设计,发包人应当按照勘察人、设计人实际消耗的工作量增付费用。

第二百八十六条 发包人未按照约定支付价款的, 承包人可以催告发包人在合理期限内支付价款。发包人逾期不支付的,除按照建设工程的性质不宜折价、拍卖的以外,承包人可以与发包人协议将该工程折价,也可以申请人民法院将该工程依法拍卖。建设工程的价款就该工程折价或者拍卖的价款优先受偿。

第二百八十七条 本章没有规定的,适用承揽合同的有关规定。

第十七章　运输合同

第一节　一般规定

第二百八十八条 运输合同是承运人将旅客或者货物从起运地点运输到约定地点,旅客、托运人或者收货人支付票款或者运输费用的合同。

第二百八十九条 从事公共运输的承运人不得拒绝旅客、托运人通常、合理的运输要求。

第二百九十条 承运人应当在约定期间或者合理期间内将旅客、货物安全运输到约定地点。

第二百九十一条 承运人应当按照约定的或者通常的运输路线将旅客、货物运输到约定地点。

第二百九十二条 旅客、托运人或者收货人应当支付票款或者运输费用。承运人未按照约定路线或者通常路线运输增加票款或者运输费用的,旅客、托运人或者收货人可以拒绝支付增加部分的票款或者运输费用。

第二节 客运合同

第二百九十三条 客运合同自承运人向旅客交付客票时成立,但当事人另有约定或者另有交易习惯的除外。

第二百九十四条 旅客应当持有效客票乘运。旅客无票乘运、超程乘运、越级乘运或者持失效客票乘运的,应当补交票款,承运人可以按照规定加收票款。旅客不交付票款的,承运人可以拒绝运输。

第二百九十五条 旅客因自己的原因不能按照客票记载的时间乘坐的,应当在约定的时间内办理退票或者变更手续。逾期办理的,承运人可以不退票款,并不再承担运输义务。

第二百九十六条 旅客在运输中应当按照约定的限量携带行李。超过限量携带行李的,应当办理托运手续。

第二百九十七条 旅客不得随身携带或者在行李中夹带易燃、易爆、有毒、有腐蚀性、有放射性以及有可能危及运输工具上人身和财产安全的危险物品或者其他违禁物品。

旅客违反前款规定的,承运人可以将违禁物品卸下、销毁或者送交有关部门。旅客坚持携带或者夹带违禁物品的,承运人应当拒绝运输。

第二百九十八条 承运人应当向旅客及时告知有关不能正常运输的重要事由和安全运输应当注意的事项

第二百九十九条 承运人应当按照客票载明的时间和班次运输旅客。承运人迟延运输的,应当根据旅客的要求安排改乘其他班次或者退票。

第三百条 承运人擅自变更运输工具而降低服务标准的,应当根据旅客的要求退票或者减收票款;提高服务标准的,不应当加收票款。

第三百零一条 承运人在运输过程中,应当尽力救助患有急病、分娩、遇险的旅客。

第三百零二条 承运人应当对运输过程中旅客的伤亡承担损害赔偿责任,但伤亡是旅客自身健康原因造成的或者承运人证明伤亡是旅客故意、重大过失造成的除外。

前款规定适用于按照规定免票、持优待票或者经承运人许可搭乘的无票旅客。

第三百零三条 在运输过程中旅客自带物品毁损、灭失,承运人有过错的,应当承担损害赔偿责任。

旅客托运的行李毁损、灭失的,适用货物运输的有关规定。

第三节 货运合同

第三百零四条 托运人办理货物运输,应当向承运人准确表明收货人的名称或者姓名或者凭指示的收货人,货物的名称、性质、重量、数量,收货地点等有关货物运输的必要情况。

因托运人申报不实或者遗漏重要情况,造成承运人损失的,托运人应当承担损害赔偿责任。

第三百零五条 货物运输需要办理审批、检验等手续的,托运人应当将办理完有关手续的文件提交承运人。

第三百零六条 托运人应当按照约定的方式包装货物。对包装方式没有约定或者约定不明确的,适用本法第一百五十六条的规定。

托运人违反前款规定的,承运人可以拒绝运输。

第三百零七条 托运人托运易燃、易爆、有毒、有腐蚀性、有放射性等危险物品的,应当按照国家有关危险物品运输的规定对危险物品妥善包装,作出危险物标志和标签,并将有关危险物品的名称、性质和防范措施的书面材料提交承运人。

托运人违反前款规定的,承运人可以拒绝运输,也可以采取相应措施以避免损失的发生,因此产生的费用由托运人承担。

第三百零八条 在承运人将货物交付收货人之前,托运人可以要求承运人中止运输、返还货物、变更到达地或者将货物交给其他收货人,但应当赔偿承运人因此受到的损失。

第三百零九条 货物运输到达后,承运人知道收货人的,应当及时通知收货人,收货人应当及时提货。收货人逾期提货的,应当向承运人支付保管费等费用。

第三百一十条 收货人提货时应当按照约定的期限检验货物。对检验货物的期限没有约定或者约定不明确,依照本法第六十一条的规定仍不能确定的,应当在合理期限内检验货物。收货人在约定的期限或者合理期限内对货物的数量、毁损等未提出异议的,视为承运人已经按照运输单证的记载交付的初步证据。

第三百一十一条 承运人对运输过程中货物的毁损、灭失承担损害赔偿责任,但承运人证明货物的毁损、灭失是因不可抗力、货物本身的自然性质或者合理损耗以及托运人、收货人的过错造成的,不承担损害赔偿责任。

第三百一十二条 货物的毁损、灭失的赔偿额,当事人有约定的,按照其约定;没有约定或者约定不明确,依照本法第六十一条的规定仍不能确定的，按照交付或者应当交付时货物到达地的市场价格计算。法律、行政法规对赔偿额的计算方法和赔偿限额另有规定的,依照其规定。

第三百一十三条　两个以上承运人以同一运输方式联运的,与托运人订立合同的承运人应当对全程运输承担责任。损失发生在某一运输区段的，与托运人订立合同的承运人和该区段的承运人承担连带责任。

第三百一十四条　货物在运输过程中因不可抗力灭失，未收取运费的,承运人不得要求支付运费;已收取运费的,托运人可以要求返还。

第三百一十五条　托运人或者收货人不支付运费、保管费以及其他运输费用的,承运人对相应的运输货物享有留置权,但当事人另有约定的除外。

第三百一十六条　收货人不明或者收货人无正当理由拒绝受领货物的,依照本法第一百零一条的规定,承运人可以提存货物。

第四节　多式联运合同

第三百一十七条　多式联运经营人负责履行或者组织履行多式联运合同,对全程运输享有承运人的权利,承担承运人的义务。

第三百一十八条　多式联运经营人可以与参加多式联运的各区段承运人就多式联运合同的各区段运输约定相互之间的责任，但该约定不影响多式联运经营人对全程运输承担的义务。

第三百一十九条　多式联运经营人收到托运人交付的货物时,应当签发多式联运单据。按照托运人的要求,多式联运单据可以是可转让单据,也可以是不可转让单据。

第三百二十条　因托运人托运货物时的过错造成多式联运经营人损失的,即使托运人已经转让多式联运单据,托运人仍然应当承担损害赔偿责任。

第三百二十一条 货物的毁损、灭失发生于多式联运的某一运输区段的,多式联运经营人的赔偿责任和责任限额,适用调整该区段运输方式的有关法律规定。货物毁损、灭失发生的运输区段不能确定的,依照本章 规定承担损害赔偿责任。

第十八章 技术合同

第一节 一般规定

第三百二十二条 技术合同是当事人就技术开发、转让、咨询或者服务订立的确立相互之间权利和义务的合同。

第三百二十三条 订立技术合同,应当有利于科学技术的进步,加速科学技术成果的转化、应用和推广

第三百二十四条 技术合同的内容由当事人约定, 一般包括以下条款:

(一)项目名称;

(二)标的的内容、范围和要求;

(三)履行的计划、进度、期限、地点、地域和方式;

(四)技术情报和资料的保密;

(五)风险责任的承担;

(六)技术成果的归属收益的分成办法;

(七)验收标准和方法;

(八)价款、报酬或者使用费及其支付方式;

(九)违约金或者损失赔偿的计算方法;

(十)解决争议的方法;

(十一)名词和术语的解释。

与履行合同有关的技术背景资料、可行性论证和技术评价报告、项

目任务书和计划书、技术标准、技术规范、原始设计和工艺文件,以及其他技术文档,按照当事人的约定可以作为合同的组成部分。

技术合同涉及专利的,应当注明发明创造的名称、专利申请人和专利权人、申请日期、申请号、专利号以及专利权的有效期限。

第三百二十五条 技术合同价款、报酬或者使用费的支付方式由当事人约定,可以采取一次总算、一次总付或者一次总算、分期支付,也可以采取提成支付或者提成支付附加预付入门费的方式。

约定提成支付的,可以按照产品价格、实施专利和使用技术秘密后新增的产值、利润或者产品销售额的一定比例提成,也可以按照约定的其他方式计算。提成支付的比例可以采取固定比例、逐年递增比例或者逐年递减比例。约定提成支付的,当事人应当在合同中约定查阅有关会计账目的办法。

第三百二十六条 职务技术成果的使用权、转让权属于法人或者其他组织的,法人或者其他组织可以就该项职务技术成果订立技术合同。法人或者其他组织应当从使用和转让该项职务技术成果所取得的收益中提取一定比例,对完成该项职务技术成果的个人给予奖励或者报酬。法人或者其他组织订立技术合同转让职务技术成果时,职务技术成果的完成人享有以同等条件优先受让的权利。

职务技术成果是执行法人或者其他组织的工作任务,或者主要是利用法人或者其他组织的物质技术条件所完成的技术成果。

第三百二十七条 非职务技术成果的使用权、转让权属于完成技术成果的个人,完成技术成果的个人可以就该项非职务技术成果订立技术合同。

第三百二十八条 完成技术成果的个人有在有关技术成果文件上写明自己是技术成果完成者的权利和取得荣誉证书、奖励的权利。

第三百二十九条 非法垄断技术、妨碍技术进步或者侵害他人技术成果的技术合同无效。

第二节　技术开发合同

第三百三十条　技术开发合同是指当事人之间就新技术、新产品、新工艺或者新材料及其系统的研究开发所订立的合同。

技术开发合同包括委托开发合同和合作开发合同。

技术开发合同应当采用书面形式。当事人之间就具有产业应用价值的科技成果实施转化订立的合同,参照技术开发合同的规定。

第三百三十一条　委托开发合同的委托人应当按照约定支付研究开发经费和报酬;提供技术资料、原始数据;完成协作事项;接受研究开发成果。

第三百三十二条　委托开发合同的研究开发人应当按照约定制定和实施研究开发计划;合理使用研究开发经费;按期完成研究开发工作,交付研究开发成果,提供有关的技术资料和必要的技术指导,帮助委托人掌握研究开发成果。

第三百三十三条　委托人违反约定造成研究开发工作停滞、延误或者失败的,应当承担违约责任。

第三百三十四条　研究开发人违反约定造成研究开发工作停滞、延误或者失败的,应当承担违约责任。

第三百三十五条　合作开发合同的当事人应当按照约定进行投资,包括以技术进行投资;分工参与研究开发工作;协作配合研究开发工作。

第三百三十六条　合作开发合同的当事人违反约定造成研究开发工作停滞、延误或者失败的,应当承担违约责任。

第三百三十七条　因作为技术开发合同标的的技术已经由他人公开,致使技术开发合同的履行没有意义的,当事人可以解除合同。

第三百三十八条　在技术开发合同履行过程中,因出现无法克服的技术困难,致使研究开发失败或者部分失败的,该风险责任由当事人约定。没有约定或者约定不明确,依照本法第六十一条的规定仍不能确定的,风险责任由当事人合理分担。

当事人一方发现前款规定的可能致使研究开发失败或者部分失败的情形时,应当及时通知另一方并采取适当措施减少损失。没有及时通知并采取适当措施,致使损失扩大的,应当就扩大的损失承担责任。

第三百三十九条 委托开发完成的发明创造,除当事人另有约定的以外,申请专利的权利属于研究开发人。研究开发人取得专利权的,委托人可以免费实施该专利。

研究开发人转让专利申请权的,委托人享有以同等条件优先受让的权利。

第三百四十条 合作开发完成的发明创造,除当事人另有约定的以外,申请专利的权利属于合作开发的当事人共有。当事人一方转让其共有的专利申请权的,其他各方享有以同等条件优先受让的权利。

合作开发的当事人一方声明放弃其共有的专利申请权的,可以由另一方单独申请或者由其他各方共同申请。申请人取得专利权的,放弃专利申请权的一方可以免费实施该专利。

合作开发的当事人一方不同意申请专利的,另一方或者其他各方不得申请专利。

第三百四十一条 委托开发或者合作开发完成的技术秘密成果的使用权、转让权以及利益的分配办法,由当事人约定。没有约定或者约定不明确,依照本法第六十一条的规定仍不能确定的,当事人均有使用和转让的权利,但委托开发的研究开发人不得在向委托人交付研究开发成果之前,将研究开发成果转让给第三人。

第三节 技术转让合同

第三百四十二条 技术转让合同包括专利权转让、专利申请权转让、技术秘密转让、专利实施许可合同技术转让合同应当采用书面形式。

第三百四十三条 技术转让合同可以约定让与人和受让人实施专利或者使用技术秘密的范围,但不得限制技术竞争和技术发展。

第三百四十四条 专利实施许可合同只在该专利权的存续期间内有效。专利权有效期限届满或者专利权被宣布无效的,专利权人不得就该专利与他人订立专利实施许可合同。

第三百四十五条 专利实施许可合同的让与人应当按照约定许可受让人实施专利,交付实施专利有关的技术资料,提供必要的技术指导。

第三百四十六条 专利实施许可合同的受让人应当按照约定实施专利,不得许可约定以外的第三人实施该专利;并按照约定支付使用费。

第三百四十七条 技术秘密转让合同的让与人应当按照约定提供技术资料,进行技术指导,保证技术的实用性、可靠性,承担保密义务。

第三百四十八条 技术秘密转让合同的受让人应当按照约定使用技术,支付使用费,承担保密义务。

第三百四十九条 技术转让合同的让与人应当保证自己是所提供的技术的合法拥有者,并保证所提供的技术完整、无误、有效,能够达到约定的目标。

第三百五十条 技术转让合同的受让人应当按照约定的范围和期限,对让与人提供的技术中尚未公开的秘密部分,承担保密义务。

第三百五十一条 让与人未按照约定转让技术的,应当返还部分或者全部使用费,并应当承担违约责任;实施专利或者使用技术秘密超越约定的范围的,违反约定擅自许可第三人实施该项专利或者使用该项技术秘密的,应当停止违约行为,承担违约责任;违反约定的保密义务的,应当承担违约责任。

第三百五十二条 受让人未按照约定支付使用费的,应当补交使用费并按照约定支付违约金;不补交使用费或者支付违约金的,应当停止实施专利或者使用技术秘密,交还技术资料,承担违约责任;实施专利或者使用技术秘密超越约定的范围的, 未经让与人同意擅自许可第三人实施该专利或者使用该技术秘密的,应当停止违约行为,承担违约责任;违反约定的保密义务的,应当承担违约责任。

第三百五十三条 受让人按照约定实施专利、使用技术秘密侵害他人合法权益的,由让与人承担责任,但当事人另有约定的除外。

第三百五十四条 当事人可以按照互利的原则, 在技术转让合同中约定实施专利、使用技术秘密后续改进的技术成果的分享办法。没有约定或者约定不明确,依照本法第六十一条的规定仍不能确定的,一方后续改进的技术成果,其他各方无权分享。

第三百五十五条 法律、行政法规对技术进出口合同或者专利、专利申请合同另有规定的,依照其规定

第四节 技术咨询合同和技术服务合同

第三百五十六条 技术咨询合同包括就特定技术项目提供可行性论证、技术预测、专题技术调查、分析评价报告等合同。

技术服务合同是指当事人一方以技术知识为另一方解决特定技术问题所订立的合同,不包括建设工程合同和承揽合同。

第三百五十七条 技术咨询合同的委托人应当按照约定阐明咨询的问题,提供技术背景材料及有关技术资料、数据;接受受托人的工作成果,支付报酬。

第三百五十八条 技术咨询合同的受托人应当按照约定的期限完成咨询报告或者解答问题;提出的咨询报告应当达到约定的要求。

第三百五十九条 技术咨询合同的委托人未按照约定提供必要的资料和数据,影响工作进度和质量,不接受或者逾期接受工作成果的,支付的报酬不得追回,未支付的报酬应当支付。

技术咨询合同的受托人未按期提出咨询报告或者提出的咨询报告不符合约定的,应当承担减收或者免收报酬等违约责任。

技术咨询合同的委托人按照受托人符合约定要求的咨询报告和意见作出决策所造成的损失,由委托人承担,但当事人另有约定的除外。

第三百六十条 技术服务合同的委托人应当按照约定提供工作条件,完成配合事项;接受工作成果并支付报酬。

第三百六十一条 技术服务合同的受托人应当按照约定完成服务项目,解决技术问题,保证工作质量,并传授解决技术问题的知识。

第三百六十二条 技术服务合同的委托人不履行合同义务或者履行合同义务不符合约定,影响工作进度和质量,不接受或者逾期接受工作成果的,支付的报酬不得追回,未支付的报酬应当支付。

技术服务合同的受托人未按照合同约定完成服务工作的,应当承担免收报酬等违约责任。

第三百六十三条 在技术咨询合同、技术服务合同履行过程中,受托人利用委托人提供的技术资料和工作条件完成的新的技术成果,属于受托人。委托人利用受托人的工作成果完成的新的技术成果,属于委托人。当事人另有约定的,按照其约定。

第三百六十四条 法律、行政法规对技术中介合同、技术培训合同另有规定的,依照其规定。

第十九章 保管合同

第三百六十五条 保管合同是保管人保管寄存人交付的保管物,并返还该物的合同。

第三百六十六条 寄存人应当按照约定向保管人支付保管费。

当事人对保管费没有约定或者约定不明确,依照本法第六十一条的规定仍不能确定的,保管是无偿的。

第三百六十七条 保管合同自保管物交付时成立,但当事人另有约定的除外。

第三百六十八条　寄存人向保管人交付保管物的，保管人应当给付保管凭证，但另有交易习惯的除外。

第三百六十九条　保管人应当妥善保管保管物。

当事人可以约定保管场所或者方法。除紧急情况或者为了维护寄存人利益的以外，不得擅自改变保管场所或者方法。

第三百七十条　寄存人交付的保管物有瑕疵或者按照保管物的性质需要采取特殊保管措施的，寄存人应当将有关情况告知保管人。寄存人未告知，致使保管物受损失的，保管人不承担损害赔偿责任；保管人因此受损失的，除保管人知道或者应当知道并且未采取补救措施的以外，寄存人应当承担损害赔偿责任。

第三百七十一条　保管人不得将保管物转交第三人保管，但当事人另有约定的除外。

保管人违反前款规定，将保管物转交第三人保管，对保管物造成损失的，应当承担损害赔偿责任。

第三百七十二条　保管人不得使用或者许可第三人使用保管物，但当事人另有约定的除外。

第三百七十三条　第三人对保管物主张权利的，除依法对保管物采取保全或者执行的以外，保管人应当履行向寄存人返还保管物的义务。

第三人对保管人提起诉讼或者对保管物申请扣押的，保管人应当及时通知寄存人。

第三百七十四条　保管期间，因保管人保管不善造成保管物毁损、灭失的，保管人应当承担损害赔偿责任，但保管是无偿的，保管人证明自己没有重大过失的，不承担损害赔偿责任。

第三百七十五条　寄存人寄存货币、有价证券或者其他贵重物品的，应当向保管人声明，由保管人验收或者封存。寄存人未声明的，该物品毁损、灭失后,保管人可以按照一般物品予以赔偿。

第三百七十六条 寄存人可以随时领取保管物。

当事人对保管期间没有约定或者约定不明确的,保管人可以随时要求寄存人领取保管物;约定保管期间的,保管人无特别事由,不得要求寄存人提前领取保管物。

第三百七十七条 保管期间届满或者寄存人提前领取保管物的,保管人应当将原物及其孳息归还寄存人

第三百七十八条 保管人保管货币的,可以返还相同种类、数量的货币。保管其他可替代物的,可以按照约定返还相同种类、品质、数量的物品。

第三百七十九条 有偿的保管合同,寄存人应当按照约定的期限向保管人支付保管费。

当事人对支付期限没有约定或者约定不明确,依照本法第六十一条的规定仍不能确定的,应当在领取保管物的同时支付。

第三百八十条 寄存人未按照约定支付保管费以及其他费用的,保管人对保管物享有留置权,但当事人另有约定的除外。

第二十章 仓储合同

第三百八十一条 仓储合同是保管人储存存货人交付的仓储物,存货人支付仓储费的合同。

第三百八十二条 仓储合同自成立时生效。

第三百八十三条 储存易燃、易爆、有毒、有腐蚀性、有放射性等危险物品或者易变质物品,存货人应当说明该物品的性质,提供有关资料。

存货人违反前款规定的,保管人可以拒收仓储物,也可以采取相应措施以避免损失的发生,因此产生的费用由存货人承担。

保管人储存易燃、易爆、有毒、有腐蚀性、有放射性等危险物品的,

应当具备相应的保管条件。

第三百八十四条 保管人应当按照约定对入库仓储物进行验收。保管人验收时发现入库仓储物与约定不符合的,应当及时通知存货人。保管人验收后,发生仓储物的品种、数量、质量不符合约定的,保管人应当承担损害赔偿责任。

第三百八十五条 存货人交付仓储物的,保管人应当给付仓单。

第三百八十六条 保管人应当在仓单上签字或者盖章。仓单包括下列事项:

(一)存货人的名称或者姓名和住所;

(二)仓储物的品种、数量、质量、包装、件数和标记;

(三)仓储物的损耗标准;

(四)储存场所;

(五)储存期间;

(六)仓储费;

(七)仓储物已经办理保险的,其保险金额、期间以及保险人的名称;

(八)填发人、填发地和填发日期。

第三百八十七条 仓单是提取仓储物的凭证。存货人或者仓单持有人在仓单上背书并经保管人签字或者盖章的,可以转让提取仓储物的权利。

第三百八十八条 保管人根据存货人或者仓单持有人的要求,应当同意其检查仓储物或者提取样品。

第三百八十九条 保管人对入库仓储物发现有变质或者其他损坏的,应当及时通知存货人或者仓单持有人。

第三百九十条 保管人对入库仓储物发现有变质或者其他损坏,危及其他仓储物的安全和正常保管的,应当催告存货人或者仓单持有人作出必要的处置。因情况紧急,保管人可以作出必要的处置,但事后应当将该情况及时通知存货人或者仓单持有人。

第三百九十一条 当事人对储存期间没有约定或者约定不明确的,存货人或者仓单持有人可以随时提取仓储物,保管人也可以随时要求存货人或者仓单持有人提取仓储物,但应当给予必要的准备时间。

第三百九十二条 储存期间届满,存货人或者仓单持有人应当凭仓单提取仓储物。存货人或者仓单持有人逾期提取的,应当加收仓储费;提前提取的,不减收仓储费。

第三百九十三条 储存期间届满,存货人或者仓单持有人不提取仓储物的,保管人可以催告其在合理期限内提取,逾期不提取的,保管人可以提存仓储物。

第三百九十四条 储存期间,因保管人保管不善造成仓储物毁损、灭失的,保管人应当承担损害赔偿责任。因仓储物的性质、包装不符合约定或者超过有效储存期造成仓储物变质、损坏的,保管人不承担损害赔偿责任。

第三百九十五条 本章没有规定的,适用保管合同的有关规定。

第二十一章　委托合同

第三百九十六条 委托合同是委托人和受托人约定,由受托人处理委托人事务的合同。

第三百九十七条 委托人可以特别委托受托人处理一项或者数项事务,也可以概括委托受托人处理一切事务。

第三百九十八条 委托人应当预付处理委托事务的费用。受托人为处理委托事务垫付的必要费用,委托人应当偿还该费用及其利息。

第三百九十九条 受托人应当按照委托人的指示处理委托事务。需要变更委托人指示的,应当经委托人同意;因情况紧急,难以和委托人取得联系的,受托人应当妥善处理委托事务,但事后应当将该情况及时报告委托人。

第四百条 受托人应当亲自处理委托事务。经委托人同意,受托人可以转委托。转委托经同意的,委托人可以就委托事务直接指示转委托的第三人,受托人仅就第三人的选任及其对第三人的指示承担责任。转委托未经同意的,受托人应当对转委托的第三人的行为承担责任,但在紧急情况下受托人为维护委托人的利益需要转委托的除外。

第四百零一条 受托人应当按照委托人的要求,报告委托事务的处理情况。委托合同终止时,受托人应当报告委托事务的结果。

第四百零二条 受托人以自己的名义,在委托人的授权范围内与第三人订立的合同,第三人在订立合同时知道受托人与委托人之间的代理关系的,该合同直接约束委托人和第三人,但有确切证据证明该合同只约束受托人和第三人的除外。

第四百零三条 受托人以自己的名义与第三人订立合同时,第三人不知道受托人与委托人之间的代理关系的,受托人因第三人的原因对委托人不履行义务,受托人应当向委托人披露第三人,委托人因此可以行使受托人对第三人的权利,但第三人与受托人订立合同时如果知道该委托人就不会订立合同的除外。

受托人因委托人的原因对第三人不履行义务,受托人应当向第三人披露委托人,第三人因此可以选择受托人或者委托人作为相对人主张其权利,但第三人不得变更选定的相对人。

委托人行使受托人对第三人的权利的,第三人可以向委托人主张其对受托人的抗辩。第三人选定委托人作为其相对人的,委托人可以向第三人主张其对受托人的抗辩以及受托人对第三人的抗辩。

第四百零四条 受托人处理委托事务取得的财产,应当转交给委托人。

第四百零五条 受托人完成委托事务的,委托人应当向其支付报酬。因不可归责于受托人的事由,委托合同解除或者委托事务不能完成的,委托人应当向受托人支付相应的报酬。当事人另有约定的,按照其约定。

第四百零六条 有偿的委托合同,因受托人的过错给委托人造成损失的,委托人可以要求赔偿损失。无偿的委托合同,因受托人的故意或者重大过失给委托人造成损失的,委托人可以要求赔偿损失。

受托人超越权限给委托人造成损失的,应当赔偿损失。

第四百零七条 受托人处理委托事务时,因不可归责于自己的事由受到损失的,可以向委托人要求赔偿损失。

第四百零八条 委托人经受托人同意,可以在受托人之外委托第三人处理委托事务。因此给受托人造成损失的,受托人可以向委托人要求赔偿损失。

第四百零九条 两个以上的受托人共同处理委托事务的,对委托人承担连带责任。

第四百一十条 委托人或者受托人可以随时解除委托合同。因解除合同给对方造成损失的,除不可归责于该当事人的事由以外,应当赔偿损失。

第四百一十一条 委托人或者受托人死亡、丧失民事行为能力或者破产的,委托合同终止,但当事人另有约定或者根据委托事务的性质不宜终止的除外。

第四百一十二条 因委托人死亡、丧失民事行为能力或者破产,致使委托合同终止将损害委托人利益的,在委托人的继承人、法定代理人或者清算组织承受委托事务之前,受托人应当继续处理委托事务。

第四百一十三条 因受托人死亡、丧失民事行为能力或者破产,致使委托合同终止的,受托人的继承人、法定代理人或者清算组织应当及时通知委托人。因委托合同终止将损害委托人利益的,在委托人作出善后处理之前,受托人的继承人、法定代理人或者清算组织应当采取必要措施。

第二十二章　行纪合同

第四百一十四条 行纪合同是行纪人以自己的名义为委托人从事

贸易活动,委托人支付报酬的合同。

第四百一十五条 行纪人处理委托事务支出的费用,由行纪人负担,但当事人另有约定的除外。

第四百一十六条 行纪人占有委托物的,应当妥善保管委托物。

第四百一十七条 委托物交付给行纪人时有瑕疵或者容易腐烂、变质的,经委托人同意,行纪人可以处分该物;和委托人不能及时取得联系的,行纪人可以合理处分。

第四百一十八条 行纪人低于委托人指定的价格卖出或者高于委托人指定的价格买入的,应当经委托人同意。未经委托人同意,行纪人补偿其差额的,该买卖对委托人发生效力。

行纪人高于委托人指定的价格卖出或者低于委托人指定的价格买入的,可以按照约定增加报酬。没有约定或者约定不明确,依照本法第六十一条的规定仍不能确定的,该利益属于委托人。

委托人对价格有特别指示的,行纪人不得违背该指示卖出或者买入。

第四百一十九条 行纪人卖出或者买入具有市场定价的商品,除委托人有相反的意思表示的以外,行纪人自己可以作为买受人或者出卖人。

行纪人有前款规定情形的,仍然可以要求委托人支付报酬。

第四百二十条 行纪人按照约定买入委托物,委托人应当及时受领。经行纪人催告,委托人无正当理由拒绝受领的,行纪人依照本法第一百零一条的规定可以提存委托物。

委托物不能卖出或者委托人撤回出卖,经行纪人催告,委托人不取回或者不处分该物的,行纪人依照本法第一百零一条的规定可以提存委托物。

第四百二十一条 行纪人与第三人订立合同的,行纪人对该合同直接享有权利、承担义务。

第三人不履行义务致使委托人受到损害的，行纪人应当承担损害赔偿责任，但行纪人与委托人另有约定的除外。

第四百二十二条　行纪人完成或者部分完成委托事务的，委托人应当向其支付相应的报酬。委托人逾期不支付报酬的，行纪人对委托物享有留置权，但当事人另有约定的除外。

第四百二十三条　本章没有规定的，适用委托合同的有关规定。

第二十三章　居间合同

第四百二十四条　居间合同是居间人向委托人报告订立合同的机会或者提供订立合同的媒介服务，委托人支付报酬的合同。

第四百二十五条　居间人应当就有关订立合同的事项向委托人如实报告。

居间人故意隐瞒与订立合同有关的重要事实或者提供虚假情况，损害委托人利益的，不得要求支付报酬并应当承担损害赔偿责任。

第四百二十六条　居间人促成合同成立的，委托人应当按照约定支付报酬。对居间人的报酬没有约定或者约定不明确，依照本法第六十一条的规定仍不能确定的，根据居间人的劳务合理确定。因居间人提供订立合同的媒介服务而促成合同成立的，由该合同的当事人平均负担居间人的报酬。

居间人促成合同成立的，居间活动的费用，由居间人负担。

第四百二十七条　居间人未促成合同成立的，不得要求支付报酬，但可以要求委托人支付从事居间活动支出的必要费用。

附　则

第四百二十八条　本法自 1999 年 10 月 1 日起施行，《中华人民共和国经济合同法》、《中华人民共和国涉外经济合同法》、《中华人民共和国技术合同法》同时废止。